日本語点字のかなづかいの歴史的研究

日本語文とは漢字かなまじり文のことなのか

なかの・まき

三元社

日本語点字のかなづかいの歴史的研究
日本語文とは漢字かなまじり文のことなのか

目次

第I部　日本語点字のかなづかい

序　章　本書の目的と概要 ——————————————— 3

第1章　現代日本語点字の表記の概要 ————————————— 9
1. 日本語文字としての日本語点字　9
2. 現行の日本語点字表記について　12
   2.1. 現行の日本語点字表記と墨字表記の比較　12
   2.2. 日本語点字は「表音的」か　15

第2章　日本語点字の成立とかなづかいの歴史 ——————— 19
1. 日本語点字の成立　19
2. 日本語点字表記史区分　21
3. 日本語点字表記法書にみる点字かなづかいの歴史　22
4. まとめ　34

第3章　近代日本語点字資料『点字　尋常小学国語読本』のかなづかい ——————————————————— 39
1. はじめに　39
2. 『点字　尋常小学国語読本』について　40
3. 『点字　尋常小学国語読本』のかなづかい　43
   3.1. 助詞・よつがなの表記　43
   3.2. 長音表記　44
4. まとめ　46

第4章　近代点字新聞『点字大阪毎日』のかなづかい
　　　　第1号から第25号までを対象として ——————— 49
1. はじめに　49

2. 『点字大阪毎日』について　49
3. 『点字大阪毎日』のかなづかい　50
　3.1. 助詞の表記　51
　3.2. よつがな　51
　3.3. 長音の表記　52
4. まとめ　61

第Ⅱ部　近代点字関連資料のかなづかい

第5章　石川倉次著『はなしことば　の　きそく』のかなづかい ──── 65

1. はじめに　65
2. 著者石川倉次について　66
3. 『はなしことば　の　きそく』について　67
　3.1. 『はなしことば　の　きそく』について　67
　3.2. 『はなしことば　の　きそく』本文の記述から見たかなづかい　68
　　3.2.1. かなの使用について　69
　　3.2.2. 長音表記について　71
　　3.2.3. よつがなについて　73
4. 『はなしことば　の　きそく』のかなづかい　74
　4.1. 長音表記について　75
　4.2. 長音表記以外のかなづかいについて　78
5. まとめ　80

第6章　『尋常小学読本』のかなづかい ──── 83

1. はじめに　83
2. 「明治33年式棒引きかなづかい」とは　84
3. 『尋常小学読本』について　86
4. 『尋常小学読本』のかなづかい　87

4.1. 和語の長音表記　*89*
　　4.2. 字音語の長音表記　*91*
　　4.3. 『尋常小学読本』のかなづかいの特徴　*92*
　5. おわりに　*93*

第7章　松本亀次郎『言文対照　漢訳日本文典』のかなづかい ——— *97*

　1. はじめに　*97*
　2. 清国留学生を対象とした日本語教育におけるかなづかい　*98*
　3. 『言文対照　漢訳日本文典』について　*100*
　　3.1. 松本亀次郎について　*100*
　　3.2. 『言文対照　漢訳日本文典』について　*100*
　4. 『言文対照　漢訳日本文典』のかなづかい　*101*
　　4.1. 和語の長音表記　*101*
　　4.2. 字音語の長音表記　*106*
　5. まとめ　*109*

第8章　点字かなづかいと「棒引きかなづかい」 ——— *113*

　1. 全体のまとめ　*113*
　2. 助詞の「わ／は」「え／へ」「を」について　*119*
　3. 長音表記について——「棒引きかなづかい」は「消失」したのか？　*121*
　4. 折衷的なかなづかいとしての明治33年式棒引きかなづかい　*125*
　5. 点字かなづかいと墨字かなづかい　*129*

第Ⅲ部　だれのための日本語文字・表記研究か

第9章　点字かなづかいと「現代仮名遣い」 ——— *133*

　1. 「現代仮名遣い」は「定着」したのか　*133*

2.「現代仮名遣い」への批判　*138*
      2.1. 歴史的かなづかいの影響　*139*
      2.2. 音声と表記のくいちがい　*141*
         2.2.1. 助詞「を」「は」「へ」について　*141*
         2.2.2.「じ」「ず」「ぢ」「づ」の表記のあいまいさ　*142*
         2.2.3. 長音表記のきまりのむずかしさ　*144*
         2.2.4. 漢字依存　*147*
   3.「現代仮名遣い」と教育　*148*
   4. 点字かなづかいと「現代仮名遣い」　*151*
      4.1. 点字かなづかいと「現代仮名遣い」　*151*
      4.2.「現代仮名遣い」と点字かなづかいとの関連性　*153*
   5.「現代仮名遣い」再検討の必要性　*156*

第10章 だれのための日本語文字・表記研究なのか ── *159*

   1. なぜ、「なぜ点字かなづかいは『現代仮名遣い』とはちがうのか」という問いの意味　*159*
   2. 日本語文字・表記研究と日本語点字　*163*
   3. だれのための日本語文字・表記研究か　*168*

あとがき ── *177*

資料編 ── *185*
   筑波大学附属特別支援学校資料室蔵
   『点字　尋常小学国語読本』第2巻（一部抜粋）

   引用文献一覧　*205*
   索引　*211*

❀ 第Ⅰ部　日本語点字のかなづかい ❀

| 序　章 |

本書の目的と概要

　現在、日本語をかきあらわすための日本語文字表記システムには、おおきくわけて触読文字である点字と視読文字である墨字（すみじ）がある。日本語の点字は、世界でもひろくつかわれている6点点字を採用しており、6点点字1字がかな1字にほぼ相当する。この点字にかなを対応させた点字かなによってかかれる日本語文字表記システムを、以後、「日本語点字」とする。点字かなには、ひらがなとカタカナに相当する区別はない。また、基本的には漢字をつかわず、点字かな専用文が公的な文章として採用されている。墨字は基本的には漢字・ひらがな・カタカナを併用する漢字かなまじり文が公的な文章としてつかわれており、わかちがきをおこなわないという特徴がある。一方、点字かな専用文である日本語点字は、他のおおくの言語の文字表記システムと同様にわかちがきをおこなう。また、日本語点字も墨字もともにかな文ではあるが、かなづかいのことなりがみられる。たとえば、助詞の表記について、墨字ではハ行の「は」「へ」となるという特徴があるが、点字では発音どおりである。ただし、助詞の「を」については点字も墨字もワ行の「を」となる。このように、日本語点字と墨字は日本語をかきあらわすために並行してつかわれており、点字から墨字、墨字から点字への翻字が可能ではあるものの、それぞれの独自の規範的表記がさだめられている。これは、それぞれの文字が独立した歴史と文化をもっているためである。

　本書は、このような点字の表記について文字論・表記論の観点から調査

をおこなう。墨字の表記については日本語学でもおおくの研究がある。また、墨字表記史の研究についてもこれまでの蓄積がある。一方、日本語点字については、近年ではたとえば墨字を点字へと自動的に翻字するシステムの開発など、言語情報処理の観点での研究はおおくある。しかし、日本語点字の文字論・表記論については、わかちがきの研究やかなづかいの研究などがおこなわれてはいるものの、あまりおおくはない。また史的研究についても、盲教育史や、点字教育史といった教育分野の研究の蓄積がなされている。たとえば日本語点字考案者の石川倉次が口語文典を著していることやかなもじ論者であったこと、国語教育や日本語教育にも携わっていたことなどはしばしば指摘されてきており、日本語点字がいわゆる「国語国字問題」などという日本語表記の歴史をかんがえるうえでは無視できないということはしられている。しかし、日本語学の史的研究という観点から、それらにかんするまとまった研究はないといえるだろう。

　日本語点字の表記論研究としては、次のようなテーマがかんがえられる。まず、かな専用文による日本語表記論の考察のための研究資料としての日本語点字研究がある。日本語文字論・表記論はおもに漢字かなまじり文を分析対象としたものが中心であった。漢字かなまじり文とくらべてかな専用文では語彙選択や文章構造、文体等にちがいはないのか、あるのか、ちがいがあるとしたらどのようなものか、というような具体的な検討はほとんどおこなわれず、憶測の域から「日本語は同音異義語がおおいので漢字をつかわないとよみにくくなる」などといわれることもおおい。これなどは、実際にかな専用文を調査する必要があるだろうが、そのさいには点字資料が調査対象として有用であろう。かな専用文は点字のみならず墨字でも、かな専用文で文章をかくものはおり、カナモジカイ[1]が発行する雑誌

---

[1] カナモジカイは、漢字廃止論カタカナ専用論をとなえる団体である。創立は 1920 年であり、現在も機関紙『カナノヒカリ』を刊行している。 http://www9.ocn.ne.jp/~kanamozi/index.html

『カナノヒカリ』など、かな専用文による文章を発表している場は存在する。また、漢字をつかわない日本語による情報提供の必要性は、情報保障の観点からも論じられている。なにより「使用者がすくない、主流ではない」という理由でかな専用文を日本語学文字論・表記論研究の対象から排除するべきではない。

　それと関連して、日本語わかちがきについての研究にも、この日本語点字資料がつかえる。日本語文のわかちがきは、漢字かなまじり文においても一部みられるが、かな専用文ではわかちがきをおこなう。わかちがきにはおおきくわけて語ごとにスペースをあけてくぎる「単語わかちがき」と、自立語と自立語の間はくぎるが、助詞・助動詞といった付属語を自立語のうしろにつづけてかく「文節わかちがき」とに分類できる。とはいうものの、どこまでを1語と認定するかというのは文法体系ごとにゆれがある。単語わかちがきと文節わかちがきの区別の基準は、助詞の前後をくぎるかどうかがひとつの目安となろう。単語わかちがきは、『カナノヒカリ』の文章で採用されている[2]。一方、文節わかちがきは、日本語点字、小学校の低学年の教科書、日本語教育の初級教材等で採用されており、文節わかちがきが優勢であるといえるだろう。ただし、文節わかちがきのなかでも、日本語点字と教科書・教材類とでは方針や規範にこまかな差異があり、均質な「文節わかちがき」体系というものが存在するわけではない。わかちがきの研究としては、文法史研究の観点から中世キリシタン資料を調査対象としたものがある。現代語のわかちがき研究は、あまりさかんであるとはいえない。ただし、点字教育のなかでわかちがき教育法の実践的な蓄積がある。そして日本語教育分野でも点字による日本語文字教育がおこなわ

2　カナモジカイのサイトで、表記の方針について確認できる。わかちがきにかんしては、「1-1　単語と単語の間は分ける。(例) タイヨウ ハ ヒガシ カラ ノボリ ニシ ニ シズム。)とある。ただし、機関紙『カナノヒカリ』のなかでも執筆者によって表記の方針に多少のちがいがみられる。

れており、日本語能力検定試験も点字受験が可能となっている。この場合、日本語を第一言語としないひとへの日本語わかちがき法教育が必要となろう。これらの言語教育と日本語学研究との連携も重要となる。

　最後に、日本語文字・表記史という観点から、日本語点字の位置づけが必要となる。前述のとおり、日本語点字の表記については、明治期からはじまる表記改訂論とのかかわりが指摘されている。しかしながら、現存する明治・大正・昭和初期の点字資料を調査した研究はなく、日本語点字表記史の詳細はあきらかとはなっていない部分もおおくある。また、国語教育史や日本語教育史についても墨字による教育にかんする史的研究はおおくはあるものの、点字というかな専用文・わかちがきをおこなうという特徴をもつ文字を使用した言語教育にかんする史的研究については、あまりおこなわれていない。しかし、日本語点字は日本語教育とならび、いちはやく歴史的かなづかいを廃止し、表音的なかなづかいをもちいていたことがしられている。表記改定論史を論じるうえでは、重要な資料群となるだろう。

　本書は、日本語点字を日本語文字・表記論研究の資料として調査をおこなう。ただし、表記全般についてとりあげるのではなく、そのなかでもとくに、明治期から昭和初期にかけての日本語点字のかなづかい史について、かなづかい改定論との関連を中心に考察していきたい。これは、点字文字・表記研究をはじめるにあたって、その成立と運用の歴史をあきらかにしていくことが、まず必要であるとかんがえるためである。点字の成立は1890年ごろであり、ちょうど日本語表記改定にかんする議論がさかんであった時期とかさなる。墨字のかなづかいも表音的なかなづかいが考案され、一部で実践されていた時期でもあった。そのなかで、日本語点字のかなづかいを調査することは日本語点字表記史研究から意義のあることであり、現在の点字かなづかいについて理解するためにも重要な観点となるだろう。また、おりにふれてその当時の墨字資料との比較をおこなう。以下、構成は以下のとおりとなる。まず第1章で現在の日本語点字の規範的表

記について、墨字のかなづかいの「よりどころ」となる「現代仮名遣い」との比較をおこないながら説明する。そして第2章で日本語点字の成立と表記の歴史について概要をまとめる。第3章と第4章で実際の点字資料をもちいてのかなづかいの調査をおこなう。第3章では、墨字国語教科書『尋常小学国語読本』を点字に翻字した『点字　尋常小学国語読本』のかなづかいを調査する。第4章では、点字の普及におおきな影響力があったとされる点字新聞『点字大阪毎日』のかなづかいを調査した。第5章から第8章までは、日本語点字のかなづかいとちかい表音的なかなづかいを採用しているとおもわれる近代墨字資料のうち、まだ詳細なかなづかいの研究がおこなわれていないものをとりあげた。第5章では、日本語点字考案者石川倉次の著した口語文典『はなしことば　の　きそく』のかなづかいを調査した。第6章では明治33年から8年間、表音的なかなづかいがもちいられた第一期国定国語教科書、『尋常小学読本』をとりあげる。第7章で、表音的なかなづかいでかかれていた日本語教科書のかなづかいをとりあげる。第8章で、これまでとりあげた資料と点字かなづかいとの比較をおこなう。そして第9章で、現在の点字かなづかいと墨字「現代かなづかい」との関連について考察をおこなう。第10章で、日本語学分野で日本語点字についてはどのようにかたられてきたのかを紹介しつつ、今後の日本語文字論・表記論研究において日本語点字はどのように位置づけられるべきか、考察をおこなった。

| 第 1 章 |

現代日本語点字の表記の概要

1. 日本語文字としての日本語点字

　現在、日本でつかわれている文字としては視読文字である墨字（すみじ）[1]のほかに、触読文字である点字[2]がある。現在、言語をかきあらわすための触読文字としては、6点点字が世界でひろくつかわれている。この6点点字は1字が縦2列横3列の点の凹凸のくみあわせを触覚により識別する文字であり、数字や楽譜などにも対応している。日本語をかきあらわすための点字としては、6点点字1字がかな1字にほぼ相当する「点字かな」文字体系がある。本書では、これを6点点字のなかでも特に日本

1 　触読文字である点字にたいして、視覚をつかってよむ字を墨字（すみじ）という。また、墨字で点字を表現するさいに、「⠁⠃⠉⠋⠊（あいうえお）」のように凸部を黒円でしめした墨点字（すみてんじ）がある。本書でも点字表記の再現のために、墨点字をもちいることがある。また、墨字は、おもに視覚をつかってよむ視読文字に分類されるが、代読や電子テキストのよみあげ機能をもちいての「みみでよむ」という墨字の利用法がある。

2 　点字は、指先をつかってよまれることがおおいが、舌など指以外のからだの部位をつかって触読する場合もある。また、「体表点字」という電波等による信号を体表につたえるよみかたもある。点字でかかれたテキストをよみあげるといったかたちで、墨字とならんで点字を「みみでよむ」利用法もある。点字の凹凸を視読するという方法もある。

語をかきあらわすための体系として、「日本語点字」とよぶ。現在、日本語点字は情報発信・受信の手段のひとつとして、私的な文書から教育、公共サービス、公文書、公的な署名、投票、各種試験等さまざまな場面でひろくもちいられており、社会的な地位を確立しているといえる[3]。

日本語点字は基本的には漢字を使用しない[4]かな専用文で、文節わかちがきをもちいて日本語をかきあらわす。そして、日本語点字には墨字のかなづかいの「よりどころ」となる「現代仮名遣い」（昭和61年内閣告示第1号）とはことなる独自のかなづかい[5]をもっている。本書では、それを「点字かなづかい」とよぶこととする。

---

[3] とはいうものの、これらの日本語点字による書字活動は現状においても完全に墨字による書字活動と同程度の権利を保証されているわけではない。たとえば、現在教育や選挙・郵便については、日本語点字をもちいておこなわれているが、日本語点字によってかかれた遺言状の法的効力については、まだ保障されてはいない。このように、墨字と同等に保障されているわけではなかった点字による情報発信・提供の場が、点字使用者・関係者の運動によってひろがっていったという歴史的経緯と、現在でも墨字書字ではあたりまえのものとして保障されているものが点字書字では制限されている場面もあることは認識しておくべきであろう。これらの日本語をかきあらわすための文字である日本語点字の権利獲得の歴史といまもなおのこされた課題については、愼（2010）がくわしい。

[4] 漢字に対応する点字としては、川上泰一の考案した8点式漢点字と長谷川貞夫の考案した6点漢字があり、これらを個人的な点字文書で使用するひとびともいる。ただし、公的な日本語点字文はかな専用文が採用されている。本書では、これらの漢字対応点字についてはふれない。

[5] 「かなづかい」という語は、さまざまな意味をもつ。ある一つの語の用字にかんする慣習やきまりであったり、ある時代や、ある個人の用字のありかた全体を指すこともあり、また国や機関等によって定められた規範的な用字法のきまりを指すこともある。本書では、「現代仮名遣い」や点字かなづかいなど、ある一定の用字・表記法のきまりを、「かなづかい」とよぶ。また、ひとつの資料のなかにあらわれるある程度一貫した用字・表記法も「かなづかい」とした。

ここからもわかるように、日本語点字は漢字かなまじり文でわかちがきをおこなわない墨字とはことなる独自の表記をもっている。このような点字表記の特徴については、1887（明治20）〜1890（明治23）年ごろに日本語点字の基礎をつくりあげた石川倉次ら東京盲唖学校[6]の教員が、かな専用・かなづかい改定論を主張するかなもじ論者であったためであると説明されている。また、1900（明治33）年から小学校教科書で使用された「明治33年式棒引きかなづかい」の影響についても指摘されている[7]。しかしながら日本語学の文字・表記研究の観点から、実際の点字資料をつかった文字・表記の調査・研究はあまりなされておらず、これらのかなづかい改定論やその実践例が具体的にどのように日本語点字の表記に影響をあたえていたのかということは完全にあきらかとはなっていない。

　日本語点字は墨字とならんで日本語をかきあらわす文字であり、明治期に考案されて以来改良をくわえながら現在もつかわれつづけているという歴史がある。そして点字でかかれた文書もおおく保存されている。このように、独自の文字・表記文化をもつ日本語点字は、墨字とならんで日本語文字・表記の研究の対象となる。

　本章では、「現代仮名遣い」とことなる特徴をもつ点字かなづかいに着

6　東京盲唖学校。現在では筑波大学附属視覚特別支援学校となっている。同校の歴史については東京盲学校（1935）、および同校ホームページの沿革（http://www.nsfb.tsukuba.ac.jp/enkaku/enkaku.html）を参照した。

7　情報アクセス権やユニバーサルデザインの視点から日本語表記についてのべた、あべ（2010）の注10で、「日本語点字を考案したいしかわ・くらじ（石川倉次）が「かな文字論者」であったことはよくしられている」という指摘がある。また、明治33年式棒引きかなづかいの点字かなづかいへの影響については、金子（2007: 106-107）に、「1900（明33）年に「小学校令施行規則」が改正され、小学校の教科書に「字音仮名遣い」（字音棒引きともいう）が採用された。（略）これが採用されるとすぐに点字表記にも取り入れられ、「折衷仮名遣い」（和語は歴史的仮名遣い、漢語は表音式仮名遣い）となった。」とある。

目し、日本語点字の成立と展開の過程から、現行の日本語点字文字・表記について概観する。

2. 現行の日本語点字表記について

2.1. 現行の日本語点字表記と墨字表記の比較

　日本語点字は、1マスに縦2列、横3列の6点を1文字とした6点点字を採用している。

　前述したように、点字表記は1字が1つのかなをあらわす。ただし、墨字と完全に対応するわけではなく、濁音はかなの直前に濁音符「⠐」を付し、「⠐⠡（濁音符＋か）」で墨字の「が」をあらわす。また拗音はかなの直前に拗音符「⠈」および濁拗音符「⠘」を付す。カ行では「⠈⠡（きゃ）」「⠈⠩（きゅ）」「⠈⠪（きょ）」、ガ行では「⠘⠡（ぎゃ）」「⠘⠩（ぎゅ）」「⠘⠪（ぎょ）」となり、それぞれ「拗音符＋か」「拗音符＋く」「拗音符＋こ」というようにかきあらわす。長音符は「⠒」であり、これは墨字と同様につかわれる。こがきの「っ」のかわりに促音符「⠂」を使用し、「⠡⠂（かっ）」となる（図1）。

　点字の表記法の基準となるものは、日本点字委員会[8]によって定められている。日本点字表記法は、およそ10年に1度、みなおしがおこなわれることになっている。最近では、2001年におおきな改訂があり、『日本点字表記法2001年版』（日本点字委員会編刊）がまとめられた。

　また、点字の表記が墨字とはことなる点は、具体的には以下のとおりである。

8　1966年に発足した点字表記法の決定機関。

図1　日本語点字字母表

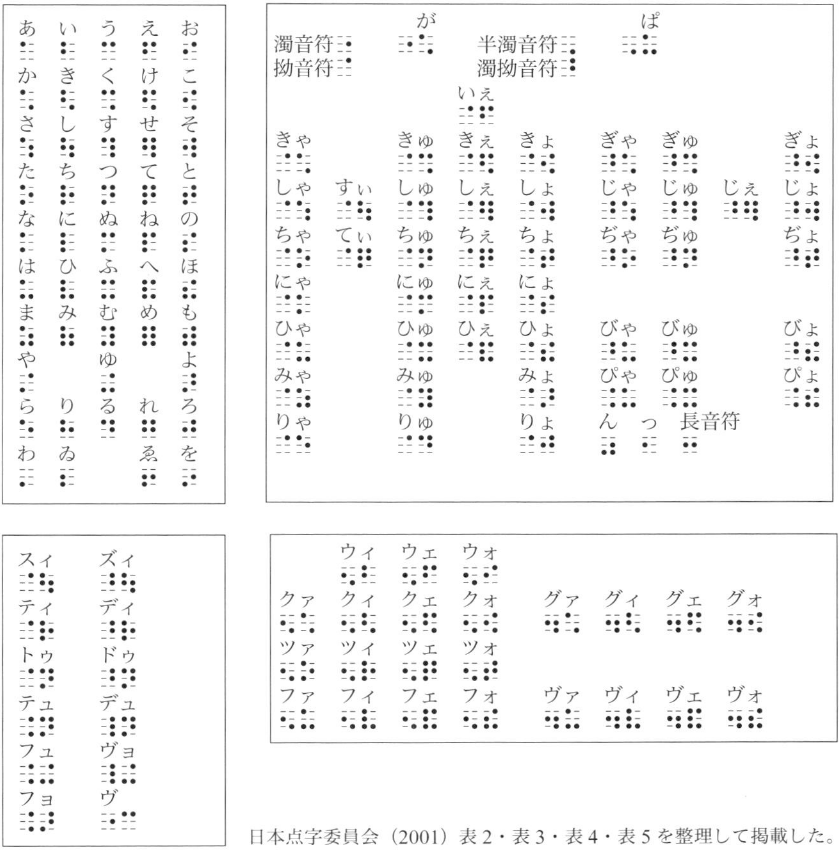

あ　い　う　え　お　か　き　く　け　こ　さ　し　す　せ　そ　た　ち　つ　て　と　な　に　ぬ　ね　の　は　ひ　ふ　へ　ほ　ま　み　む　め　も　や　ゆ　よ　ら　り　る　れ　ろ　わ　ゐ　ゑ　を

濁音符　半濁音符　が　ぱ
拗音符　濁拗音符

きゃ　きゅ　きぇ　きょ　ぎゃ　ぎゅ　ぎょ
　　　すぃ　　　　いぇ
しゃ　しゅ　しぇ　しょ　じゃ　じゅ　じぇ　じょ
ちゃ　ちゅ　ちぇ　ちょ　ぢゃ　ぢゅ　　　ぢょ
　　　てぃ
にゃ　にゅ　にぇ　にょ
ひゃ　ひゅ　ひぇ　ひょ　びゃ　びゅ　　　びょ
　　　　　　　　　　　ぴゃ　ぴゅ　　　ぴょ
みゃ　みゅ　みぇ　みょ
りゃ　りゅ　　　りょ　ん　っ　長音符

スィ　ズィ
ティ　ディ
トゥ　ドゥ
テュ　デュ
フュ　ヴョ
フョ　ヴ

　　　ウィ　ウェ　ウォ
クァ　クィ　クェ　クォ　グァ　グィ　グェ　グォ
ツァ　ツィ　ツェ　ツォ
ファ　フィ　フェ　フォ　ヴァ　ヴィ　ヴェ　ヴォ

日本点字委員会（2001）表2・表3・表4・表5を整理して掲載した。

(1) かな専用文でかかれる
　基本的には漢字に相当する文字をもちいず[9]、学校教育や公共サービス等の場ではかな専用文が採用されている。また、ひらがなとカタカナに相当するものはく、かな点字のみである。

(2) 文節わかちがきをおこなう
　日本語点字は基本的にはかな専用文でかかれるため、文節わかちがきをおこなう。この文節わかちがき法は、基本的には学校文法の文節にもとづいており、一定の規範がある。日本語点字のわかちがき法は日本点字委員会（2001: 29-48）で規定されている。具体的には助詞・助動詞は、自立語のあとにつづくという「分かち書き」と、自立語であっても名詞については、1語であっても3音節以上の意味のきれめでくぎるという「切れ続き」の規定がある。

(3) 独自のかなづかいがある
(3-1) 助詞の「は」「へ」「を」について
　墨字ではハ行の「は」「へ」とかく助詞について、墨字ではワ行の「わ」ア行の「え」に相当するかな点字「⠓」「⠘」を使用する。ただし、助詞「を」に関しては、点字でもワ行の「を」に相当する「⠺」となる。
(3-2) 長音表記
　点字の長音表記のうち、「現代仮名遣い」では「う」をそえて長音をあらわすウ列・オ列の和語・字音語にたいして、長音符をもちいる。たとえば、ウ段長音は「⠟⠒（くーき・空気）」のように「う列音＋ー」となり、オ段長音は「⠔⠒⠛（おーじ・王子）」のように「オ列音＋ー」となる。ただし、「⠊⠊⠟⠵（おおかみ・狼）」「⠪⠕⠓（こおり・氷）」「⠞⠕⠓（とおり・通り）」などのように「現代仮名遣い」では長音の表記が

9　漢点字の問題点については、あべ（2002）でまとめられている。

「オ列音＋お」となる語は、日本語点字も同様にオ列のかなに「⠮（お）」をそえる。拗長音は、「⠈⠯⠒（きゅー）」「⠈⠮⠒（きょー）」のように、「拗音符＋ウ列音＋ー」「拗音符＋オ列音＋ー」となる。

ア列長音はア列のかなに「あ」をそえ、イ列長音はイ列のかなに「い」をそえる。また、エ列長音は和語は「⠇⠋⠎⠴（ねえさん）」のように「エ列音＋え」、字音語では「⠋⠃⠎⠃（えいせい・衛生）」のように「エ列音＋い」であり「現代仮名遣い」と同様のかなづかいとなっている。

2.2. 日本語点字は「表音的」か

このように、日本語点字のかなづかいは「現代仮名遣い」とはことなる点もある。このような日本語点字は「純粋な表音文字である」（堀越1985；193）とされ、「（引用注：点字の）かなづかいは（墨字）よりも表音的な点がある」（あべ2010: 21）、などという評価があがることがある。そのような考えの根拠としては、たとえば助詞の「は」「へ」を「わ」「え」のように書くことや、長音符を使用して「うー」「おー」と書く長音表記のやり方などによって、「現代仮名遣い」と比べると表音性が強いという印象からであろう。

しかし、ここまで確認したように、日本語点字表記はかならずしも表音的とはいいきれない面がある。たとえば助詞の「を」は点字でも「を」に相当するワ行の「⠔」がつかわれ、ア列の「⠮（お）」とともに、1音が2字と対応する。また、エ段長音は「エ列＋え」と「エ列＋い」の2とおりの表記形があらわれる。オ段長音も同様に「オ列＋ー」と「オ列＋お」があり、また「思う」などの活用のある語の活用語尾については、「オ列＋う」もあらわれる。

また、よつがなについても、連濁の「いれぢえ」「ひきづな」や、いわゆる「同音の連呼」であるところの「ちぢむ」「つづく」による「ぢ」「づ」は、点字においても「⠘⠗（濁音符＋ち）」「⠘⠝（濁音符＋つ）」となる。

以上のように、現行の点字かなづかいは「現代仮名遣い」よりは表音的といえる面もあるが、長音表記などには「現代仮名遣い」と同様に歴史的かなづかいのなごりがみられる。むしろ、「現代仮名遣い」との相違点は、助詞の「は」「へ」を「わ」「え」とかくことと、ウ段オ段長音表記のうち、墨字で「う」とするところを長音符でかくことの2点のみであり、現行の点字かなづかいの特徴としては、「現代仮名遣い」との共通点をおおくもったかなづかいであるといったほうが適切であろう。
　点字かなづかいの特徴についてまとめると、以下のとおりとなる。

(1) 助詞の表記は「⠇（わ）」「⠋（え）」「⠖（を）」となる
(2) 長音表記は以下の通りとなる。
　　ア列長音　　「ア列＋あ」　　⠈⠡⠈⠁（おかあさん）
　　イ列長音　　「イ列＋い」　　⠖⠇⠈⠃（おにいさん）
　　ウ列長音　　「ウ列＋ー」　　⠩⠒⠈（くーき・空気）
　　拗長音　　　「拗音符＋ウ列＋ー」　⠈⠈⠒⠊（しゅーり・修理）
　　エ列長音　　「エ列＋え」　　⠈⠎⠋⠈⠃（おねえさん）
　　　　　　　　「エ列＋い」　　⠈⠞⠋⠈（ていねい・丁寧）
　　オ列長音　　「オ列音＋ー」　⠈⠉⠒⠈（おーさま・王様）
　　　　　　　　「オ列音＋う」　⠈⠍⠖（おもう・思う）　＊活用語の活用語尾
　　　　　　　　「オ列音＋お」　⠈⠉⠈⠍（おおかみ）　⠉⠈⠊（こおり）
　　　　　　　　＊歴史的かなづかいではオ列のかなに「ほ・を」がつづくもの
　　拗長音　　　「拗音符＋オ列＋長音符」　⠈⠈⠒⠉（しょーがつ・正月）
(3) 二語の連合による連濁や、いわゆる「同音の連呼」ではよつがなの区別をおこなう。

⠀⠀⠀⠀⠀⠀⠀⠀⠀⠿⠿⠿⠿⠀（はなぢ・鼻血）　⠿⠿⠿⠿⠀（つづく）

　また、これは現代語・口語文のかなづかいであり、古文の場合、和語は歴史的かなづかいが使用される。ただし、ウ列・オ列の字音語の長音表記は、古文においても字音かなづかいを使わず、長音符をもちいる。
　このように、日本語点字は、墨字とは共通点をもちながらも、独立した文字・表記システムをもっているといえるだろう。
　日本語点字表記が墨字の表記と以上の点でことなっている理由として、触読文字と視読文字の各方法のちがいにより、「読みやすい文字システム」が変化するという説明がひとつかんがえられる。そしてもうひとつは、日本語点字の成立とその運用の歴史にその理由があるということが、すでに先行文献で指摘されている。そこで、第 2 章で、日本語点字の成立の経緯と表記史の概観をおこないたい。

【参考文献】
あべ・やすし（2010）「日本語表記の再検討──情報アクセス権／ユニバーサルデザインの視点から」『社会言語学』10
あべ・やすし（2002）「漢字という障害」『社会言語学』2
金子昭（2007）『資料に見る点字表記法の変遷──慶応から平成まで』（日本点字委員会）
愼英弘（2010）『点字の市民権』（生活書院）
東京盲学校（1935）『東京盲学校 60 年史』
日本点字委員会（2001）『日本点字表記法　2001 年版』
堀越喜晴（1992）「点字における日本語表記法の問題」『応用言語学講座 4　知の情意の言語学』（明治書院）
山本正秀著（1865）『近代文体発生の史的研究』（岩波書店）

|第 2 章|

日本語点字の成立とかなづかいの歴史

1. 日本語点字の成立

　フランスでルイ・ブライユ[1]が 3 点 2 行の 6 点点字を考案し、それが文字としてフランス政府によって公式に採択されたのは 1854 年のことである。これがはじめて日本に紹介されたのは、1866（慶応 2）年に岡田攝蔵『航西小記』であるとされている[2]。

　実際の日本語触読文字としての導入を検討したのは東京盲唖学校の教員小西信八[3]であった。当時、日本においては明治期の視覚障害者への文字

1　ルイ・ブライユについては広瀬（2010）の第 2 章にくわしい。
2　金子（2007: 18-19）
3　石川倉次を東京盲唖学校にまねき、点字を紹介した小西信八は、1854（嘉永 7）年、長岡藩医小西善蹟の 2 男として生まれる。漢学や洋学を修めた後、1876（明治 9）年、26 歳で東京師範学校に入学し、1879（明治 12）年に卒業する。その後、千葉や東京の師範学校で教員をつとめる（新谷 2006）。
　1886（明治 19）訓盲唖院掛専務を申付けられ、以降視覚・聴覚障害者への教育にたずさわりつづける。石川を東京盲唖学院へ教員として招いたのも小西であった。
　小西の障害者教育の分野以外での業績として、前島密の『漢字御廃止之義』の紹介というものがある。これについては、山本（1865）を引用する。
　『漢字御廃止之議』は、将軍に上申後久しく世に知られなかったが、

教育には、たとえば墨字を浮き立たせた凸字を、触覚により読字するという方法がおこなわれていたりしたが、なかなか成果はあがらなかった。そのことに心をいためた小西が、当時の東京博物館館長手島精一に紹介された6点点字に着目し、日本語点字を考案するようにとすすめたのは、1887（明治20）年のことである[4]。

そして小西信八は同僚の石川倉次らに点字翻案の依頼をし、石川は1890（明治23）年にかな1字を6点点字1字と対応させた日本語点字を考案した。同年11月、東京盲唖学校で開催された点字選定会で、この石川案の日本語点字が採択された。そして1899（明治32）年に拗音がくわわり、さらに1937年に特殊音点字表記が追加され、現在の日本語点字の骨子ができあがった。

そのかなづかいは、はじめは歴史的かなづかいによっていたが、それは10年間ほどであり、それ以降は独自の表音的なかなづかいを採用する。

これには石川倉次・小西信八らの意向があったことが指摘されている。石川と小西は、1884（明治17）年、「かな の くわい」でである。当時石川は小学校教員であり、ある日、小西のうしろすがたを那珂通世とまちがえて「那珂先生」と声をかけてしまった。それが石川と小西がはじめて

　　　　　明治32年に前島と同郷後進のかな文字論者小西信八が、国字改良論の最先覚としての前島の功を顕彰しようとして、〈略〉『前島密君国字国文改良建議書』の表題を付けて印刷し非売配布した小冊子によって、初めて一部の人々に知られ、更に33年4月国字改良の世論に応えて文部省が8名の国語調査委員を創設した際、その委員長を委嘱された前島が、「太陽」記者のもとめで同誌5月号に寄せられた『国語調査の意見』中に掲出した、同建白書の枢要な部分の公表によって、更に一般の知るところとなった（山本1865; 92）。

[4]　金子（2007: 47-48）。また、それ以前にも1879年にはすでに、文部省発行の『教育雑誌』89号で目賀田種太郎によってブライユ考案の6点点字が紹介されているが、この時点では学校教育で採用されるにはいたらなかった。

言葉を交わした日であるという[5]。このように、石川と小西はともに「かな　の　くわい」にでいりするかなもじ論者であり、かなづかい改定論を肯定していた。このような背景により日本語点字のかなづかいは比較的はやい段階から表音的なかなづかいへと移行していったことがかんがえられている。

2. 日本語点字表記史区分

　日本語点字の表記はかならずしも統一されていたわけではなく、時代や分野ごとによってさまざまなゆれや変化がみられる。金子（2007）によると点字表記史は、おおきく時代によって4期にわけられるという。

第1期
　日本点字が成立した明治23（1980）年頃から約10年間である。このころは歴史的かなづかいがもちいられていたという。

第2期
　当初は歴史的かなづかいがもちいられていた日本語点字であるが、点字教科書等に歴史的かなづかいをもちいるか表音的なかなづかいをもちいるかというかなづかいの方針については、点字関係者の間でも意見がわかれ、議論がおこなわれた。そのなかで、点字でかかれた国定教科書『小学校国語読本』（1903（明治36）年）は字音語に棒引きかなづかいが採用された。また、1907（明治40）年におこなわれた第1回全国盲唖教育大会で、「盲生に国語を教ふるにはすべて発音通りにして文部省許容の長音符を用

5　鈴木力二（1987）を参照。

ふ事」が決議された[6]。第2期は、20年ほどつづく。

第3期

　墨字による小学校教育は歴史的かなづかいにもどるが、点字のかなづかいに関する議論はつづき、日本語点字は独自の表音的なかなづかいへと変化していく。1922（大正12）年に創刊された新聞『点字大阪毎日』が字音語・和語ともに表音的なかなづかいを採用し、これが表音的なかなづかいの普及に大きな影響をあたえているといわれている。これが第3期であり、約30年間つづく。

第4期

　1946（昭和21）年に、「現代かなづかい」が発表された。また、国定教科書が廃止され、1949（昭和24）年から検定教科書の使用がはじまる。それにともない、日本語点字表記の不統一が問題となり、全国的な統一と体系化がめざされた。1955（昭和30）年に京都府立盲学校を中心とした点字関係者によって日本点字研究会が発足し、全国の盲学校がこれに加入した。そして1959（昭和34）年に、『点字文法』が出版される[7]。そして1966（昭和41）年に日本点字委員会へと発展する。それ以降、何度か点字表記法の改定はおこなわれ、現在の『日本語点字表記法　2001年版』にいたる。

3. 日本語点字表記法書にみる点字かなづかいの歴史

　以上の表記史区分のそれぞれの時代で、実際にどのようなかなづかいが

6　金子（2007: 12）。
7　金子（2007: 221-223）。

おこなわれていたのかしるためには、実際の点字資料を調査する必要があるものと考えられる。

2. で確認した点字表記史の第2期にあたる、1920（大正9）年に帝国盲教育会が発足し、1922（大正11）年に「帝国盲教育会点字図書出版部点字書き方（かきかた）」が発表され、同年10月に改訂案がだされている。これがはじめての日本語点字表記法といえるものであり、かなづかいについては以下のようにのべられている。

　　一、国語は正しき国語仮名遣ひを用ひ、漢字音及び外国語は拗音及び棒引を用ふ。
　　二、クワとカとを区別す。　　例　火事（クワジ）。家事（かじ）。
　　三、ア行とワ行とは書き分ける。　例　水（スヰ）。
　　四、タ行とサ行の濁音は書き分ける。　例　地震（ヂシン）。自身（ジシン）。

ここで規定されている日本語点字かなづかいは、和語は歴史的かなづかい、字音語は棒引きかなづかいをもちいる、「明治33年式棒引きかなづかい」と共通するものであったことがわかる[8]。

1927（昭和2）年に、文部省が点字教科書編さんのため盲学校教科用図書調査委員会をもうけ、翌1928（昭和3）年に盲学校教科書編纂委員会をもうけた[9]。同年、文部省より「点字書キ方ニ関スル法則」が発表され、そ

8　明治33年式棒引きかなづかいについては第6章でくわしくのべる。明治33年式棒引きかなづかいの点字かなづかいへの影響については、金子（2007: 106-107）に、「1900（明33）年に「小学校令施行規則」が改正され、小学校の教科書に「字音仮名遣い」（字音棒引きともいう）が採用された。（略）これが採用されるとすぐに点字表記にも取り入れられ、「折衷仮名遣い」（和語は歴史的仮名遣い、漢語は表音式仮名遣い）となった。」とある。

9　委員は全国の盲学校校長ら6名や、『点字大阪毎日』の大野加久二など点字関係者11名によって構成されている。

のなかで「点字は発音するとおりに書く」とした。この文部省著作、大阪毎日新聞社発行の点字教科書はイ列長音やエ列の字音語の長音表記にも「ちーさい（小さい）」「てーねー（丁寧）」のように長音符がもちいられることや、よつがなの区別をおこなわないこと、動詞「言う」を「ゆー」と表記するなど、現行の点字かなづかいより表音性のつよいものであったことが指摘されている[10]。

また、各地の盲学校や点字関係者も、かなづかいに関する研究をおこなっており、1935（昭和10）年に東京盲学校が『日本訓盲点字』を作成した。これは点字の表記法についてしるされたもので、かなづかいについては、「点字書方要項」に以下のようにしるされている。

　　二、仮名遣ひについて
　（1）仮名遣を表す必要のある場合の外総て発音通りに書く。
　（2）発音は東京を中心とする標準発音に従ふものとする。
　（3）テニヲハのヲは普通の発音はオなれども、例外としてヲを用ふ。
（金子 2007: 資料 21）

また、1940（昭和15）年に、近畿盲教育研究会[11]が、点字表記の再検討を目的として、『点字規則』をまとめた。ここにあげられているかなづかいに関する記述を抜粋する。なお、例は省略できる場合は適宜省略する。

10　金子（2007: 187-190）。
11　この研究会は小林卯三郎、鳥居篤治郎、大野加久二といった近畿地域の点字関係者によって構成されていた。そしてこの表記法の研究をおこなうため、点字委員会を設置し、研究がすすめられた。しかし、戦争の激化により研究は中断し、この表記法は採用されなかったという（金子 2007: 204-205）。

第5　表記法（仮名遣い）

1.　点字はすべて発音どおりに書く。ただし、古文、国文法、その他歴史仮名遣いを必要とする場合は、歴史的仮名遣いによって書く。

2.　発音は、標準語の発音に従って書く。

3.　第1種点字（引用注：記号や特殊音点字などをのぞいた点字かな）のなかで、「ヂ　ヅ　ヂャ　ヂュ　ヂョ　キ　ヱ　ヲ」に相当する文字は「ジ　ズ　ジャ　ジュ　ジョ　イ　エ　オ」の点字で書く。

　（例）クジラ（鯨）　ジシン（地震）　ミズ（水）…

4.　てにおはの　おは、「ヲ」を用う。

　（例）　カオヲ　アロー（顔を　洗う）　ウオヲ　トル（魚を取る）　サオヲ　カケル（竿を　かける）……

5.　連濁による「ヂ　ヅ　ヂャ　ヂュ　ヂョ」は、そのまま書いてもよい。

　（例）　ハナヂ（鼻血）　コヅツミ（小包）　ミカヅキ（三日月）……

9.　長音は、すべて長音符を用いて書く。

　（例）　トーキョー（東京）　オーサカ（大阪）　コーベ（神戸）…

10.　イ列、エ列の音が長音になった場合は、長音符の代わりに「イ」を用いて書いたほうがよい。

　イイダ（飯田）　シイタケ（椎茸）　詩歌（シイカ）…

　エイセイ（衛生）　ケイサン（計算）　セイト（生徒）…

　ただし、ニーサン（兄さん）　ネーサン（姉さん）　オジーサン（おじいさん）などは、長音符を用いて書いたほうがよい。

11.　2字の字音が一緒になって、イ列、エ列の長音になった場合は、長音符を用いないで必ず「イ」を用いて書く。

　（例）　キイト（生糸）　キイノクニ（紀伊国）　チイキ（地域）…

12.　用言の活用する部分が、イ列、エ列の長音となった場合は、長音符を用いないで、必ず「イ」を用いて書く。

（例）　イイテ（言いて）　キイテ（聞いて）　シイテ（強いて）…

13．ア列、ウ列、オ列の音が長音になった場合は、長音符を用いて書く。

　　　（例）　オカーサン（お母さん）　オバーサン（おばあさん）　アー（ああ）　ヤー（やあ）　ワーワー（わあわあ）　クーキ（空気）　スージ（数字）　フーリン（風鈴）　ツーズ（通ず）　ユーダチ（夕立ち）　オーオカ（大岡）　コーシ（孔子）　ソージ（掃除）　トーヤマ（遠山）　ホーキ（箒）　モージン（盲人）

（オカアサン　オバアサン　アア　マア　ナアニ　クウキ　スウジ　オトオト　オトオサン　などとは　書かぬ）

14．用言のカツ〔ママ〕一部が、ウ列、オ列の音の長音になった場合は、長音符を用いて書く。

　　　（例）　クー（食う）　ユー（言う）　オモー（思う）　タモー（賜う）…

15．音響、またはこれに類する長音は、長音符を用いて書く。

　　　（例）　カーカー　ブーブー　キューキュー…

（金子 2007: 資料 19）

　この『点字規則』のかなづかいにかんする記述は、詳細な具体例をあげており、現行の点字かなづかいとの比較が可能である。これらをくらべると、現行の点字かなづかいでは長音符をもちいずにかなをつかってかきあらわされる長音表記、ア列・イ列の長音表記や「オ」をそえて表記する「大阪」などの語にも長音符をもちいていることから『点字規則』のかなづかいは現行の点字かなづかいよりも表音性のたかいかなづかいであるといえる[12]。しかし、さきに紹介した大阪点字毎日社が刊行した点字教科

---

[12] 同じく第 3 期の点字表記法書として、1942（昭和 17 年）に日本盲人図書館より刊行された『点訳の栞』がある。ここにかかれているかなづかいは、近

書のかなづかいとはことなり、エ列字音語長音表記や活用語の活用語尾には長音符を使用しない。このように、第3期に発行された資料のなかでも、刊行時期や発行機関によって、かなづかいはことなる。

　以降に、第4期以降の点字表記法書についてまとめる。まず、第4期の最初の点字表記法書『点字文法』のなかのかなづかいに関する記述を抜粋する。

　　第1章　書き現し方
　概要
　　1.点字は現代語音に基いて書くのを原則とし、歴史的仮名使いを必要とする場合は、歴史的仮名使いを用いて書く。
　　2.従って「ぢ、づ、ぢゃ、ぢゅ、ぢょ、ゐ、ゑ、を」に相当する文字は、それぞれ「じ、ず、じゃ、じゅ、じょ、い、え、お」を用いて書く。（但し3、4参照）
　連濁
　　3.連濁による「ぢ、づ、ぢゃ、ぢょ」は、そのま〻書いても良い。
　　【例】　はなぢ　　　　　こづつみ
　　　　　　みかづき　　　　しおづけ
　助詞　を、は、へ
　　4.助詞の「を」は「を」を用いる。但し助詞の「は」及び「へ」は、それぞれ「わ」及び「え」を用いる。
　　【例】　本を読む
　　　　　　魚をつる　　　　　尾を振る
　　　　　　私は　　　　　　　川へ

　畿盲教育研究会『点字規則』のかなづかいとほぼ同様の内容となっている。また、戦後1951年（昭和26年）に、『点字規則』の改訂版がだされている。これは、第4期への移行期間の資料と位置づけることができるだろう。

長音

　6. 長音は長音符ーを用いて書く

　【例】　とーきょー（東京）

　　　　　おーさか（大阪）

　　　　　おかーさん（お母さん）

　　　　　おばーさん

　　　　　こーつー（交通）

　　　　　あーそーか

　　　　　うーん

　7.「い」列「え」列の音が長音になった場合は、長音符の代りに「い」を用いて書く。

　【例】　いいえ

　　　　　しいたけ（椎茸）

　　　　　しいか（詩歌）

　　　　　ちいさい（小さい）

　　　　　にいさん（兄さん）

　　　　　おじいさん

　　　　　とけい（時計）

　　　　　えいせい（衛生）

　　　　　けいさん（計算）

　　　　　せいと（生徒）

　8. 動詞、形容詞の活用部分が「い」の長音となった場合は、長音符を用いないで「い」を用いて書く。

　【例】　しいる（強いる）

　　　　　きいて（聞いて）

　　　　　うれしい（嬉しい）

　　　　　うつくしい（うつくしい）

　9. 動詞活用語尾の「う」は長音符を用いないで「う」を用いて書

く。
【例】　くう（食う）　⠩⠉
　　　　すう（吸う）　⠳⠉
　　　　おもう（思う）　⠊⠻⠉
　　　　おこなう（行う）　⠊⠉⠉⠉
　　　　ねがう（願う）　⠎⠣⠉
　　　　ものをいう（言う）　⠾⠎⠕　⠃⠉
　　　　かみをゆう（髪を結う）　⠡⠍⠕　⠬⠉

10. 形容詞の音便の形の「う」は長音符を用いて書く。

【例】　はよーおきなさい（早う起きなさい）　⠥⠜⠒　⠊⠣⠦⠂⠱⠃
　　　　あぶのーございます　⠁⠗⠅⠒　⠈⠕⠠⠃⠵⠇
　　　　おもーなりました（重うなりました）　⠊⠻⠒　⠅⠓⠵⠇⠒
　　　　やすーしてあります（安うしてあります）　⠌⠳⠒　⠆⠐⠁⠓⠵⠇
　　　　うれしゅーぞんじます　⠉⠇⠈⠱⠒　⠘⠝⠐⠳⠵⠇

11. 意志又は推量を表す助動詞「う」「よう」は長音符を用いて書く。

【例】　本を読もう　⠦⠕　⠬⠻⠒
　　　　早くおきよう　⠥⠫　⠊⠣⠜⠒
　　　　これは花だろう　⠪⠇⠥　⠥⠅⠘⠕⠒
　　　　どー思おうと勝手だ　⠙⠒　⠊⠻⠕⠒⠞　⠡⠹⠐⠁

12. 擬声語、擬態語で長音のある場合は長音符を用いて書く。

【例】　がーがー（があがあ）　⠐⠡⠒⠐⠡⠒
　　　　めーめー（めえめえ）　⠍⠒⠍⠒
　　　　ぴーぴー（ぴいぴい）　⠘⠦⠒⠘⠦⠒
　　　　ちーちー（ちいちい）　⠟⠒⠟⠒

　　　　ぼーぼー（ぼおぼお）　⠨⠪⠒⠨⠪⠒

(金子 2007: 資料 22)

　『点字文法』の特徴は、いままで「発音のとおりにかく」とされてきた点字かなづかいが、その概要で「現代語音に基づいて書く」というように変更された点にある。これは、墨字のかなづかいが「現代かなづかい」を採用しその「まえがき」に「このかなづかいは、現代語音にもとづいて、現代語をかなで書きあらわす場合の準則を示したものである」とかかれていることに関連する[13]。
　第3期の点字表記法である『点字規則』と比較すると、『点字規則』では長音符をもちいていた活用語の活用語尾の長音表記について、長音符ではなくかなをもちいるようになっている。この『点字文法』の改訂版として1968（昭和43）年に『点字文法（点字国語表記法）』が出版された。この改訂版で外来語の表記および特殊音の表記にかんする事項が追加された。また、連濁による「ぢ」「づ」の表記については、『点字文法』では「そのまま書いてもよい」と許容の姿勢であったものが、改訂版では連濁による「ぢ」「づ」の使用を本則とした。
　盲学校の関係者を中心として組織されていた日本点字研究会は、日本語点字表記の統一のため、1966（昭和41）に点字出版所や点字図書館関係者などもふくんだ新しい組織、日本点字委員会へと発展した。日本点字委員会は1971（昭和46）年に『日本点字表記法（現代語編）』を出版した。ここで、「現代かなづかい」への言及があらわれる。また、実際のかなづかいも「現代仮名遣い」との共通点がふえていく。
　たとえば、長音表記のうち、長音符があらわれるのはウ列・オ列にかぎられ、『点字文法』およびその改訂版では長音符をもちいるとされていたア列和語「おかーさん」などは、ここから「おかあさん」のようにア列の

13　金子（2007: 222）。

かなに「あ」をそえる形が本則になり、これまで本則であった長音符による長音表記は許容事項となる。また、オ列の長音のうち、「大阪」のように、オ列のかなに「お」をそえる語にかんしては、「オ列の長音のうち歴史的かなづかいで『ほ』と書かれていたものについて、現代かなづかいどおりに「お」を用いて書いてもよい。」（金子 2007: 資料 24）とあり、現行の点字かなづかいとの共通点がおおくなっている。

　また、1980（昭和55）年に『改訂日本点字表記法』が刊行される。このなかの「第1節　現代語のかなづかい」のなかで「現代語をかな（主としてひらがな）で書き表す場合、1946年に国語審議会が示した『現代かなづかい』と、1956年にそれをうらづけた『正書法について』に基づいている。」（金子 2007: 資料 25）として、点字のかなづかいと墨字のよりどころとなっている「現代かなづかい」との関連についてのべている。また、かなづかいについては『日本点字表記法（現代語編）』では許容のあつかいであったオ列の和語の長音に変更があり、もとは歴史的かなづかいでは「ほ・を」とかきあらわした「おおかみ」「こおり」などの語は、長音符ではなくオ列のかなに「お」をそえる表記が本則となった。

　1990年には、日本の点字制定100周年記念として、『日本点字表記法 1990年版』が刊行された。ここではおもにわかちがきにかんする改訂がおこなわれたが、かなづかいにかんしてはア列とオ列の和語の長音表記に長音符をもちいるという許容事項が削除された。そして2001年に『日本点字表記法　2001年版』が刊行される。これが現行の点字表記法書となる。この改訂もわかちがきに関するものが中心であるが、「6章　古文の書き表し方」「第7章　漢文の書き表し方」が追加された[14]。

　このように、点字は墨字とくらべてはやい時期から継続して歴史的かなづかいではなく、より表音的なかなづかいが採用されていたことがしられ

14　古文と漢文のかなづかいは、和語は歴史的かなづかい、字音語は長音表記に長音符をもちいる棒引きかなづかいでかかれる。

ている。また、点字のかなづかいは時代によって変化していることも確認されている。具体的には、助詞の表記が「わ」「え」「を」となる点は、第3期の初期から現代にいたるまで一貫している。しかし、よつがなと長音表記については第3期から第4期にかけて変更がみられる。そこで、第3期の『点字規則』、第4期の『点字文法』『点字文法　点字国語表記法』『日本点字表記法』『日本点字表記法　1990年版』『日本点字表記法2001年版』から、擬音語・擬声語をのぞいた和語・字音語のかなづかいについて、一覧表にまとめた（**表1**）。

　よつがなについては「じ」「ず」にほぼ統一されていったものの、連濁の「ぢ」「づ」が許容されており、1971年の『日本点字表記法』からは、本則として連濁には「ぢ」「づ」があらわれる。また、1980年の『改訂日本点字表記法』からはいわゆる「同音の連呼」にかんする記述もみえ、墨字の「現代かなづかい」「現代仮名遣い」と同様となる。

　長音表記も変化があり、『点字規則』ではア列からオ列までのすべての列で長音符を使用する例が本則としてあげられている。ところが、『点字文法』でイ列の長音表記に長音符がつかわれなくなり、さらに『日本点字文法』ではア列とエ列の長音符が許容となり、本則からはずれる。『日本点字表記法　1990年版』からはア列とエ列の長音符の使用の許容もなくなり、長音符による長音表記はウ列とオ列にかぎられるようになる。

　また、ウ列とオ列についても、『点字規則』では活用語の活用語尾にも長音符がつかわれていたのにたいして、『点字文法』からは活用語の活用語尾については長音表記ではなく「う」をそえる表記になる。また、オ列にかんしては『日本点字表記法』から「オ列＋お」という形が許容としてあらわれる。これらは、「おおい（多い）」「とおい（遠い）」「こおり（氷）」などといった「現代かなづかい」「現代仮名遣い」でもオ列のかなに「お」をそえる長音表記となる語である。そしてこの許容は『改訂日本点字表記法』から本則となり、それまで本則であった長音符による長音表記が許容事項となる。その後、『日本点字表記法』では長音符による長音表記が許

表1 各時代の点字表記法書にみる点字かなづかい

	ツつづみ	ア列	イ列	ウ列	エ列	オ列
点字規則(1940)	「じ」「ず」に統一。[許容]連濁の「ぢ」「づ」	ア列＋ー　おかーさん	イ列＋い　にーさん　イ列＋い　きいて(聞いて)	ウ列＋ー　くーき(空気)　ウ列＋う　ゆう(言う)	エ列＋い　えいせい(衛生)　エ列＋ー　ねーさん	オ列＋う　おーさか(大阪)　とーし(孔子)　おもう(思う)
点字文法 (1959)	「じ」「ず」に統一。[許容]連濁の「ぢ」「づ」	ア列＋ー　おかーさん	イ列＋い　にいさん　イ列＋い　きいて(聞いて)　にいさん	ウ列＋ー　くーき(空気)　ウ列＋う　ゆう(言う)	エ列＋い　えいせい(衛生)　エ列＋ー　ねーさん	オ列＋う　おとーさん　とーし(読し)　おもう(思う)
点字文法点字国語表記法(1968)	「じ」「ず」に統一。ただし連濁は「ぢ」「づ」があらわれる。	ア列＋ー　おかあさん	イ列＋い　しいたけ　いいえ　きいて(聞いて)　うれしい　おにいさん	ウ列＋ー　くーき(空気)　ウ列＋う　うう(使う)　いう(言う)	エ列＋い　えいせい(衛生)　エ列＋ー　おねえさん	オ列＋う　おとーさん　とーい(読い)　おもう(思う)
日本点字表記法 (1971)	「じ」「ず」に統一。ただし連濁は「ぢ」「づ」があらわれる。	ア列＋あ　おかあさん　[許容]ア列＋ー　まー	イ列＋い　のんき　きいて(聞いて)　にいさん	ウ列＋ー　くーき(空気)　ウ列＋う　うう(使う)　いう(言う)	エ列＋い　えいせい(衛生)　[許容]エ列＋ー　おねーさん	オ列＋う　おとーさん　とーい(読い)　おもう(思う)　[許容]オ列＋お　おおい(多)
改訂日本点字表記法(1980)	「じ」「ず」に統一。ただし連濁といわゆる同音の「ち」「つ」が[許容]ア列＋ー　まー　あらわれる。	ア列＋あ　おかあさん　主ま	イ列＋い　おにいさん	ウ列＋ー　くーき(空気)　ウ列＋う　うう(使う)　いう(言う)	エ列＋い　せんせい(先生)　エ列＋え　おねえさん　[許容]エ列＋ー　おねーさん	オ列＋う　おとーさん　とーい(読い)　おもう(思う)　オ列＋お　おおい(多)　オ列＋おー　おおい(大きい)などの「オ列＋ー」は許容
日本点字表記法1990年版	「じ」「ず」に統一。連濁といわゆる同音の「ぢ」「づ」もあらわれる。	ア列＋あ　おかあさん　主ま	イ列＋い　おにいさん	ウ列＋ー　くーき(空気)　ウ列＋う　うう(使う)　いう(言う)	エ列＋い　せんせい(先生)　エ列＋え　おねえさん	オ列＋う　おとーさん　とーい(読い)　おもう(思う)　オ列＋お　おおい(多)　オーサマ(王様)
日本点字表記法2001年版	「じ」「ず」に統一。連濁といわゆる同音の「ぢ」「づ」もあらわれる。	ア列＋あ　おかあさん	イ列＋い　おにいさん	ウ列＋ー　くーき(空気)　ウ列＋う　うう(使う)　いう(言う)	エ列＋い　せんせい(先生)　エ列＋え　おねえさん	オ列＋う　おとーさん　とーい(読い)　おもう(思う)　オ列＋お　おおい(多い)　おおきん(黄金)　オーサマ(王様)

第2章　日本語点字の成立とかなづかいの歴史

容からもはずれる。これにより日本語点字の長音表記は、ウ列とオ列の字音語の長音に長音符をもちいる点以外は、墨字の「現代仮名遣い」と共通したかなづかいとなる。

墨字のかなづかいが歴史的かなづかいをもちいていた第3期には、点字のかなづかいは独自の表音性のたかいものであったが、1946年に「現代かなづかい」がだされてからは、点字のかなづかいは徐々に「現代かなづかい」に接近していき、その結果、表音性はひくくなっていく。このように、第4期は日本語点字の全国的な統一というこころみのほかに、墨字の「現代かなづかい」「現代仮名遣い」との関連性を明確にするという目的があったことは、この表からもうかがえる[15]。

4. まとめ

日本語点字は、6点点字1字がかな1字にほぼ対応する、点字かな専用文による文字表記システムである。日本語点字が考案されたのが明治23 (1890) 年のことであり、改良をくわえながら現在も使用されつづけており、点字使用者による文字文化をもつ[16]。

---

[15] 点字表記法書のなかではじめて「現代かなづかい」への言及があらわれるのは『改訂日本点字表記法』であるが、そこには「現代語の点字かなづかいは、現代国語の音節と標準との対応関係を明確にする」としるされている（金子 2007: 資料25）。

[16] 日本語点字の研究するとき、ただたんに文字・表記システムとしての面だけではなく、点字使用者によって点字がどのような意味をもち、かたられ、そしてどのように運用されているかという面についても着目する必要があるとかんがえ、ここでは文字文化としての点字文化とした。文化としての点字というかんがえかたは、広瀬 (2010) を参考にした。

また、日本語点字は、明治の終りから大正にかけて、すでに歴史的かなづかいではなく、表音的なかなづかいが使用されており、独自の表記の歴史をもっている。点字の表記史はおおきく4期にわけられており、歴史的かなづかいでかかれた第1期をへて、和語は歴史的かなづかい、字音語は棒引きかなづかいという折衷的なかなづかいをもちいた2期、独自の表音性のたかいかなづかいをもちいた第3期、そして表音性がひくくなり、墨字の「現代かなづかい」「現代仮名遣い」との共通点をおおくもつ第4期のかなづかいと、変化していった。

　各期の点字表記法書資料をしらべると、つねにそのときどきの国語施策との関連がうかがえる。たとえば第3期に刊行された表記法書『点訳の栞』には「点字は、発音どおりにかくことが原則である。活字の場合普通に使われて来た仮名遣い法にはよらない。（本書の仮名遣い法は、国策が示す通りの、発音式である）」とする（金子2007: 資料20）が、第4期になってから刊行された『日本点字表記法（現代語編）』では1951（昭和31）年にだされた国語審議委員会「正書法について」を引用しており、冒頭には「現代語は、現代国語の音節と標準的な語意識にもとづいて書きあらわし、（略）」とかかれている（金子2007: 資料24）。また、点字のかなづかいについても同様に、墨字のかなづかいとの関連をかんがえる必要があろう。たとえば第3期のかなづかいは「明治33年式棒引きかなづかい」の影響が指摘されている。また、第4期の点字かなづかいは、第3期のかなづかいとくらべると「現代かなづかい」「現代仮名遣い」との共通点がおおくなっていくことが確認できた。

　このように日本語点字は墨字とはべつの独立した歴史と文化をもつ文字・表記システムではあるが、日本語文字・表記研究および表記史研究の資料としてもちいるばあい、墨字との関係性についても考慮する必要がある[17]。そこで本研究では、点字資料を近代かなづかい改定史の資料と位置

17　同時に、日本語文字・表記研究には当然日本語点字研究をふくめるべきでも

づけ、表音的かなづかいの実践例としてその表記法をあきらかにしていくことを目的とする。

　これまで確認したように、日本語点字のかなづかいについては、表記法書がまとめられており、おおよその概要やかなづかいの変化をしることができる。しかしながら、実際の近代点字資料をもちいての表記の研究はまだおこなわれていないため、点字資料が点字表記法書をどれだけ反映しているのか、確認はされていない。また、点字表記法書に掲載されているかなづかいは、一部の語にかぎられる場合もあり、表記法書ごとの変化をみようとすると、とりあげられている項目ととりあげられない項目があり、いちがいに比較することができない。点字かなづかいについてさらにくわしくしるためには、実際の点字資料にあたっての調査が必要である。

　次章で、点字国語教科書と点字新聞を調査対象として、近代点字日本語点字のかなづかいについて研究をおこなう。

【参考文献】
大河原欽吾（1937）『点字発達史』（培風館）
金子昭（2007）『資料に見る点字表記法の変遷――慶応から平成まで』（日本点字委員会）
新谷嘉浩（2006）「小西信八の生涯」『日本聾史学会報告書』（4）
慎英弘（2010）『点字の市民権』（生活書院）
鈴木力二（1987）『伝記叢書13 日本点字の父　石川倉次先生伝』（大空社）
日本点字委員会（2001）『日本点字表記法　2001年版』
日本点字研究会（1959）『点字文法』
広瀬浩二郎（2010）『万人のための点字力入門――さわる文字から、さわる文化へ』（生活書院）
山口芳夫（1982）『日本点字表記法概説』（ジャスト出版）

　ある。

山本正秀著（1865）『近代文体発生の史的研究』（岩波書店）

| 第 3 章 |

近代日本語点字資料
『点字　尋常小学国語読本』のかなづかい

1. はじめに

　第 2 章で日本語点字表記の概要とその歴史についてまとめた。日本語点字は明治期に成立し、現在までつかわれつづけている日本語文字・表記システムである。日本語点字は成立期から現在にいたるまで墨字とはことなる表記法をもち、独自に展開してきた。各時代の点字表記法書をしらべたところ、日本語点字表記法はつねにその時代の国語施策を反映して変化していったことがうかがえる。

　日本語点字表記法の特徴として、現行の墨字表記法の「よりどころ」となる「現代仮名遣い」とはことなるかなづかいがもちいられている点があげられる。そしてその点字かなづかいは、明治期から現在にいたるまで長音の長音表記に長音符をもちいる、棒引きかなづかいをもちいていることが、点字表記法書からあきらかとなった。それでは、実際の点字資料では、点字表記はどのように運用されていたのだろうか。点字表記法書は代表的な表記の例についての記述はあるものの、詳細なかなづかいをしるためには、実際の点字資料にあたって調査をおこなう必要がある。そこで、点字表記史区分では第 3 期にあたる時期に刊行された点字版第 3 期国定国語教科書の調査をおこなうことであきらかにしていく。

2.『点字　尋常小学国語読本』について

　近代日本語点字のかなづかいについて、その詳細をしるために筑波大学附属視覚特別支援学校資料室所蔵『点字　尋常小学国語読本』の調査をおこなった。日本語点字が学校教育を目的として考案されたこと、また点字かなづかいが明治33年式棒引きかなづかいとの関連が指摘されていることから、近代の点字による国語教科書が調査対象として適当であるとかんがえ、筑波大学附属視覚特別支援学校資料室に比較的まとまって所蔵されており、墨字版との比較が可能な本資料を選定した。本資料は全12巻の点字教科書で、第3期国定教科書『尋常小学国語読本』（ハナ・ハト読本／白表紙本）を日本語点字に翻字したものである。墨字版の『尋常小学国語読本』（以下墨字でかかれた『尋常小学国語読本』諸本を総称して墨字版とする）は大正6（1917）～昭和7（1932）年にかけて刊行され、全国で広く使用された教科書である[1]。

　本資料は全12巻で、そのうち第1巻が未発見であるため、第2巻から第12巻までの11冊が確認できた。この11冊はすべて、墨字版と巻次・構成がそろえられている。また、今回調査をおこなった点字資料は特に改編がくわえられることはなく、墨字版をそのまま翻字したものとなっている。ただし、墨字版にある挿絵・注は本資料では省略されている。

　本資料の本文はすべて点字でかかれているが、表紙の題簽には「點字尋常國語讀本」と墨字左横書きで記されている。本文は両面印刷であり、1ページあたり16行、1行あたり30字程度となっている。奥付に相当するものがなく刊行年は不明であるが、すべての巻の遊び紙に「東京盲學校書之印」という蔵書印がある。東京盲学校は、東京盲唖学校が盲聾分離してできた学校であり、現在では筑波大附属視覚特別支援学校となっている。

1　吉田（1982）、（1983）を参照。

この名称が使われていたのは明治42（1909）～昭和25（1950）年のことである[2]。資料室の担当者によると、資料室の蔵書は、卒業生が自分のつかっていた教科書等を寄付したものがおおいということである。このことから、この資料の刊行年代はほぼ、『尋常小学国語読本』が実際に使われていた時期とかさなるとかんがえてよいだろう。

　また、墨字版国定国語教科書は修正がくりかえしおこなわれ、発行年度・発行機関によってさまざまな本文異同があるが、その使用年度は奥付の符号から確定できることが、貝（1991）であきらかになっている。本資料は墨字の国定国語教科書を翻字したものであることから本文の異同をみることで、本資料のもととなった墨字本の使用年度を推定することが可能であるとかんがえ、貝（1991: 190-192）に掲載された第3期国定国語教科書の第8巻の異同の一覧表（表B『『尋常小学国語読本』巻八　修正状況一覧』）と本資料第8巻とを比較した。第8巻は、使用開始が大正10年であり大正13年版・昭和3年版・昭和8年版の文部省修正本が確認されている。この文部省修正本をうけて出版社によって出版された諸本があり、同時期の刊行であっても、それぞれいくらか異同がみられる。一覧表からそれらを比較した結果、本点字資料は、大正13年修正本との共通点が多くみられた。例えば第9課の表題は「⠿⠿⠿⠿（すみやき）」である。これは、大正13年修正本から「炭」から「炭焼」へ変更されている。また、昭和3年修正本からの修正点については、第5課の汽船が河口からさかのぼることができる距離が「四百五十里」から「六百里」へと変更されているが、この変更は本資料には反映されておらず、「⠿⠿⠿⠿　⠿（数符450　り）」となっている。ここから、本資料のもととなった墨字版『尋常小学国語読本』は、大正13年修正本の系統であることがかんがえられる。また、大正13年修正本諸本のなかでの異同をみると、大正13年か

2　1944（昭和19）年に静岡県に学校疎開がおこなわれている。その際に資料の移動はおこなわれていないということである。

ら改定されたもののなかのうち第21課に収録されている和歌の第3句が「いはほをも」から「いはがねも」に変更になっているが、本点字資料ではこの変更点は反映されておらず、「⠊⠔⠪⠘⠞（いわおをも）」となっている。これは国立教育研究所所蔵日本書籍大正13年修正版と共通する。ここから、本点字資料は文部省修正原本ではなく出版社から出版された墨字国定国語教科書を点字に翻字したものである可能性がたかいのではないかとかんがえられる。

　第8巻以外の各巻についても、古田（1984: 379-389）の「校訂付記」をもとに墨字国定国語教科書諸本と本点字資料との異同をしらべた。その結果、第8巻と同様に、各巻ともに大正期に刊行されたものとの共通点がおおくみられた。大正14年に修正本がだされている第11巻、大正15年修正本がだされている第5巻・第7巻・第10巻はそれぞれ初版よりは修正本と共通し、各巻とも昭和期の変更については反映されていないという結果がでた。

　これにより、本点字資料全11冊は作られた時代におおきなゆれはなく、各巻ともにもととなった墨字国定国語教科書は、大正13年以降昭和3年以前につくられた本であるといえるだろう。この年代は、さきにあげた点字かなづかい史の区分のなかでは、第3期に相当する。

　本資料の成立年代を確認したところで、実際に本資料の本文の一部を紹介する。

（こどもが　おーぜい　おもてで）（2巻8　つき）

　墨字版第3期国定国語教科書は歴史的かなづかいでかかれているが、本資料では長音表記に長音符をもちいるいわゆる棒引きかなづかいの特徴

があらわれる。また、墨字ではハ行で表記する助詞「は」が、ワ行の「わ」となっている。このように、本資料は歴史的かなづかいでかかれた墨字版とはことなる独特のかなづかいでかかれている。また、かなづかいは第2巻から第12巻まで一貫しており、かなづかいが確立されていたものとかんがえられる。

　そこで、本資料の目次等をのぞいた本文中のかなづかいから、長音表記・助詞の表記・よつがなの表記についての調査をおこなった。以降用例は墨字のひらがなになおし、用例のうしろに巻と課をあげる。

3.『点字　尋常小学国語読本』のかなづかい

3.1. 助詞・よつがなの表記

　本資料の本文中の点字かなは、歴史的かなづかいでかかれている墨字版第3期国定教科書にはあらわれるワ行の「ゐ」「ゑ」が「い」「え」に統一されている。また、合拗音「くわ」「ぐわ」もあらわれず、「か」「が」に統一されている。助詞の表記については、「は」はワ行「わ」となり、「へ」はア行の「え」となり、墨字の助詞の表記とことなる。ただし、助詞の「を」にかんしては、墨字と同様にワ行の「を」となる。

　　　まつえを　はっしたる　きしゃ<u>わ</u>　ふーこー　えの　ごとき（12巻　2　いづもたいしゃ）

　　　「たいよー<u>を</u>　にしえにしえと　こーかいして」（8巻　19　ころんぶすの　たまご）

　　　はやく　かお<u>を</u>　あらって　にーさんと　いっしょに　おさらいを　しましょー（3巻　2　はやおき）

また、よつがなの表記は、字音語・和語ともに字音かなづかいを含む歴史的かなづかいと共通する。

　　ねーさん　でて　ごらんなさい　つきが　ではじめ　ました（2巻
　　8　つき）
　　よい　おぢーさんわ　たいそー　かなしがって　いぬを　うづめて
　　その　うえに　ちーさな　まつの　きを　うえました　その　まつの　きわ　ずんずん　おーきく　なりました（2巻17　はなさかぢぢー）

3.2. 長音表記

字音語と和語の長音表記のなかから、本資料中の例を以下にあげる。

　　ア列
　　　たろーの　おかーさんわ　かぜを　ひいて　ねて　います（2巻
　　　20　おくすり）
　　　あー　はづかしいことを　もーしました（3巻26　はごろも）
　　イ列
　　　ちーさな　てを　だして　うまうまと　いいます（2巻11　みよちゃん）
　　　むかし　むかし　よい　おぢーさんと　わるい　おぢーさんが
　　　ありました（2巻17　はなさかぢぢー）
　　　わるい　おぢーさんわ　それを　きいて　その　いぬを　かりに
　　　きました（2巻17　はなさかぢぢー）
　　　「これわ　めづらしい　みごと　みごと」（2巻17　はなさかぢぢー）
　　　いーえ　そー　1どに　のんでわ　いけません（2巻20　おくすり）
　　　やまの　ふもとの　しいの　きわ（4巻15　しいの　きと　かしの

み)

ウ列

「ゆーやけ こやけ あした てんきに なーれ」(2巻7 ゆーやけ)

「このごろ なかまの ものが ねこに とられて こまるが なにか よい くふーわ あるまいか」(2巻12 ねずみの ちえ)

みんなの いう ことを ききおとすよーな ことわ ありません (2巻22 めと みみと くち)

うちぢゅー めが まわるほど いそがしう ございました (5巻13 かいこ)

エ列

べんけいが おーなぎなたで きりつけました (2巻4 うしわかまる)

ねーさん でて ごらんなさい (2巻8 つき)

オ列

「わたくしわ あの あかいおーきな はなが すきです」(2巻3 きくの はな)

べんけいわ とーとー こーさんして (2巻4 うしわかまる)

「きに まだ なんば とまって いましょーか」(2巻5 かんがえ もの)

「おとーさん もー いくつ ねたら おしょーがつですか」(2巻13 おしょーがつ)

あんなに とんだら ゆかいだろー (2巻23 これから)

きょーわ うちの むしぼしです たんすや つづら から きものを だして かぜとーしの よい ところに かけて あります (3巻22 むしぼし)

おもう ぞんぶん はびこった (5巻15 しいの きと かしのみ)

和語・字音語についてもア列からオ列まですべてに、長音符を使用した長音表記がみえる。ただし、イ列・ウ列・エ列・オ列に長音符をつかわない長音表記もみられる。イ列では和語のなかで、長音とみなすこともできる語のうち、動詞「言う」「聞く」「引く」などの連用形、および形容詞「新しい」「美しい」「珍しい」の終止連体形といった活用のある語の活用語尾については、長音符をつかわずにイ列のかなに「い」をそえるという表記となる。また、活用のない語についても、「椎（しい）」が同様の形をとる。ウ列では「言う」「食う」などの動詞の終止連体形の活用語尾には長音符がつかわれず、ウ列のかなに「う」をそえる。また、ウ列拗長音のうち、「忙しう」「優しう」「嬉しう」といった形容詞連用形ウ音便形にも長音符がもちいられない。エ列は字音語で「べんけい」のように、エ列のかなに「い」をそえる形となる。オ列では、動詞の終止連体形「思う」「厭う」「問う」などの活用語尾が長音符を使用せず、オ列のかなに「う」をそえる。このように、長音表記はかならずしもすべての語に長音符がつかわれているわけではない。

4. まとめ

　調査した本資料のかなづかいを、以下にまとめる。

　　(1) 助詞の表記は「わ」「え」「を」を用いる。
　　(2) よつがなの表記は字音かなづかいを含む歴史的かなづかいと同様である。
　　(3) 長音表記には和語も字音語も長音符を使用する。ただし、活用語の活用語尾や字音語のエ列長音など長音符をもちいない語も一部ある。

表1　和語の長音表記

ア列	ア列＋ー
イ列	イ列＋ー （イ列＋い）
ウ列	ウ列＋ー （ウ列＋う）
エ列	エ列＋ー
オ列	オ列＋ー （オ列＋う）
拗長音	拗音符＋オ列＋ー

表2　字音語の長音表記

	点字国語読本
ウ列	ウ列＋ー
拗長音	拗音符＋ウ列＋ー
エ列	エ列＋い
オ列	オ列＋ー
拗長音	拗音符＋オ列＋ー

　詳細は**表1**、**表2**のとおりである。

　本資料のかなづかいは、和語と字音語ともに、長音表記に長音符を使用することから、点字かなづかい史の区分では第3期にあたる点字の表記であることが推察される。これは、1. で推定した本資料がかかれた年代と一致する。しかし、第2章表1で確認した第3期の点字表記法書『点字規則』と比較すると、活用語の活用語尾にウ列・オ列の長音表記があらわれるばあい、本資料では長音符を使用しないが、『点字規則』は長音符をもちいるなど、点字表記史区分が同期のものとされるもののなかでも、こまかなかなづかいにはことなりがある。

　この表より、助詞の表記については、近代の点字資料となる本資料は、現行の点字かなづかいと同様のものであったことがうかがえる。しかしながら、よつがなの表記および長音表記については、現行の点字かなづかいとはことなるものである。特に、長音表記にかんしては、本資料のかなづかいは外来語以外でもア列からオ列まですべての列に長音符による長音表記があらわれるが、現代点字かなづかいでは和語と字音語に長音符があらわれるのはウ列とオ列にかぎられ、それをのぞくと「現代仮名遣い」と同様である。また、助詞の表記にかんしては近代や現行の点字かなづかいと共通する点もある。

　近代点字国語教科書のかなづかいの調査をした結果、現行の点字かなづ

かいとは助詞の表記や長音表記に長音符をもちいるなどの共通点があり、日本語点字が墨字とは独立した点字かなづかいの特徴を保持しつづけていることがうかがえる。その一方、現行の点字かなづかいと本資料のかなづかいは完全に一致するわけではない。現行の点字かなづかいは、長音表記に着目するならば本資料のかなづかいよりも「現代仮名遣い」と共通する点がおおい。

【参考文献】
貝美代子（1991）「国定国語読本の奥付符号と使用年度」『日本近代語研究』1
金子昭（2007）『資料に見る点字表記法の変遷――慶応から平成まで』日本点字委員会
東京盲学校（1935）『東京盲学校60年史』
日本点字委員会（2001）『日本点字表記法　2001年版』
古田東朔（1984）『小学読本便覧』第7巻（武蔵野書院）
吉田裕久（1982）（1983）「尋常小学国語読本」の研究（1）（2）「愛媛大学教育学部紀要」28、29

| 第4章 |

近代点字新聞『点字大阪毎日』のかなづかい

第1号から第25号までを対象として

1. はじめに

　第3章で、点字版第3期国定国語教科書『点字　尋常小学国語読本』のかなづかいについて調査をおこなった。
　その結果、和語にも字音語にも表音的な表記があらわれる表音性のたかいかなづかいによってかかれていたことがわかった。そのかなづかいは、長音表記に長音符をもちいる棒引きかなづかいであり、明治33年式棒引きかなづかいとの関連がうかがえるものであった。
　日本語点字の展開と普及には各地の盲学校の関係者の努力によるところがおおきいが、そのほかに点字新聞である『点字大阪毎日』『点字毎日』の影響のおおきさがしられている。そこで、本章では大正期に発刊された『点字大阪毎日』を調査資料としてとりあげる。

2. 『点字大阪毎日』について

　『点字大阪毎日』は、大阪毎日新聞社の新社屋落成記念事業のひとつとして1922（大正11）年5月に第1号が発刊された週刊の日本語点字新聞

である[1]。中村京太郎を初代編集長とする。1943（昭和18）年に『点字毎日』と改題され、以来現在も発行されつづけている日本語点字新聞である。また、『点字大阪毎日』は日本語点字および日本語点字表記の普及におおきく寄与したメディアであると指摘されている。そして墨字よりもはやく創刊号からすでに歴史的かなづかいよりも表音的な独自のかなづかいをもちいてかかれていることがしられており、近代日本語点字の文字・表記研究の資料として重要なものであるといえる[2]。

そこで、筑波大学視覚特別支援学校資料室所蔵『点字大阪毎日』（以下、本資料とする）をもちいて、調査対象は、『点字大阪毎日』第1号（大正11年5月11日発行）から第25号（大正11年10月26日刊）までの約半年分を範囲とし、助詞「は」「へ」「を」の表記、よつがな、長音表記について用例を採取した。

3. 『点字大阪毎日』のかなづかい

今回調査をおこなった第1号から第25号は、毎週木曜日に発行されており、全16ページの両面印刷である。おおきな表記の方針の変化のようなものはみられず、一定の傾向があったため、これをひとつのかなづかいとし、分析した。以下、用例の掲出は点字かなを墨字かなに翻字し、用例の最後に号数をカッコ内にいれてしめした。

---

1 日本語点字新聞は、それ以前にも中村京太郎によって『あけぼの』がだされていた（森田2011: 80）。

2 『点字大阪毎日』および『点字毎日』については、銭本（1975）、眞野哲夫（2002）、森田昭二（2011）といった先行文献と、毎日新聞社の『点字毎日』について紹介されているウェブページ http://www.mainichi.co.jp/corporate/tenji.html （アクセス日：2013年7月15日）を参照した。

3.1. 助詞の表記

墨字では「は」「へ」とかかれる助詞は、それぞれ「わ」「え」に相当する点字かなでかかれる。

　　　てんじ　おおさか　まいにちわ　いよいよ　ほんじつ　だい１ごーを　はっかんします（１号）
　　　かくしょーてんに　おたちよりに　なり　くにえの　みやげを　おもとめに　なった（１号）

ただし、助詞「を」は「を」に相当する点字かなでかかれる。

　　　おおさか　まいにち　しんぶん-しゃが　てんじ　しんぶんを　はっこーする　ことになった（１号）

3.2. よつがな

よつがなは、和語・字音語ともに歴史的かなづかい（字音かなづかい）に準ずる。

　　　みしっしっぴい-がわわ　１ねんぢゅーに　みづの　ほかに　４-おくとんの　ぶったいを　うみえ　ながすと　いう。（１号）
　　　ひじょーに　そーめいな　づのーを　もって　いるので　きんしんしゃに　すすめられて　じゅけんしたので　ある（１号）
　　　かじわ　たばこの　ひから　でて　ていこく　ほてると　ねこを　たすけよーと　して　でおくれた　ぎりしゃの　おぢーさんを　やいた　それで　ぢしんわ　ていだいと　ちゅーおー　きしょーだいとで　いつものよーに　しんげんち　あらそいを　して　いる（２号）

また、外来語の表記にも「ぢ」「づ」に相当する点字かながあらわれる。

　　　こいを　ひして　しづかに　ほほえむ　ぱん<u>ぢ</u>ー　あでやかな　あねもね　しょじょにも　にた　ちゅーりっぷ（1号）
　　　あたらしい　せつが　ふらんすの　ばーれー　さる<u>づ</u>ー　ふおーるの　3にんに　よって　となえられ　おーべいの　いがくかいを　おどろかして　いる。（11号）

　この他、外来語に「ぢ」があらわれたのは以下のとおりである。「まっきんぶりっ<u>ぢ</u>ー」（1号）、「<u>ぢ</u>ふてりあ」（8号・14号）、「はー<u>ぢ</u>んぐ（人名）」（8号・10号）、「ふら<u>ぢ</u>おれっと」（9号）、「え<u>ぢ</u>んばら（地名）」（12号）、「すてー<u>ぢ</u>」（13号）、「<u>ぢ</u>んばりすと（人名）」（13号）、「<u>ぢ</u>ゃすたーぜ」（13号）、「<u>ぢ</u>あすたーぜ」（14号）、「<u>ぢ</u>てりっくす（人名）」（15号）、「きゅーぶりっ<u>ぢ</u>」（19号）、「りお　で　<u>ぢ</u>やねいろ（地名）」（19号）、「え<u>ぢ</u>そん（人名）」（22号・25号）、「がん<u>ぢ</u>す（地名）」（24号）、「<u>ぢ</u>てりっく（人名）」（25号）。このうち、13号の「ぢゃすたーぜ」と14号の「ぢあすたーぜ」はどちらも酵素の名称「ジアスターゼ」であるが、号によっても表記のゆれがあることがわかる。

3.3. 長音の表記

ア列長音

　ア列の長音表記は、字音語の用例はなく、和語でア列のかなに長音符をそえる「ア列＋ー」の長音表記がみられた。

　　　「や<u>ー</u>　さきほどの　とーげの　ちゃみせの　しゅじんでわ　ないか」（5号）
　　　どくしゃから　こーも　したら　<u>あ</u>ーも　したらと　わざわざ　て

　　　　がみまで　よせて　くれる　ことで　ある。(9号)
　　　　「か<u>ー</u>さんわ？」　いもーとが　ききました (10号)
　　　　「<u>あー</u>　あの　ひとか」と　うなづく　ものも　おーかろー (15号)

　また、外来語の長音表記にも長音符がもちいられる。

　　　　ちかごろ　あった　まっさーじと　いりょー　たいそーの　しけん
　　　　に (1号)

　ただし、1例、「お母さん」を「おかあさん」と長音符を使わずに表記している例があった。

　　　　14　5になると　たいていの　こどもわ　<u>おかあ</u>さんより　はるか
　　　　に　おおきい (5号)

イ列長音
　イ列の長音表記は、字音語の用例はなく、和語ではイ列のかなに長音符をそえる表記「イ列＋ー」がみられた。

　　　　はくはつの　お<u>ぢー</u>さんが　ききいれて　くれなかったのか (6号)

　また、活用語の活用語尾にイ列のかなに「い」をそえる表記がみられた。

　　　　むねの　なみたつ　はるのくれの　<u>いい</u>しらぬ　はーとを　なぐさ
　　　　めて　くれる (1号)
　　　　びょーにんで　むなぐる<u>しい</u>と　いう　ばあいも (4号)

　外来語の表記はウ列のかなに長音符をそえる形となる。

第4章　近代点字新聞『点字大阪毎日』のかなづかい　　53

   とざんたいわ　2まん　7せん　ふい<u>ー</u>とに　たっす（10号）

ウ列長音
 ウ列長音はウ列のかなに長音符をそえる表記「ウ列＋ー」が、和語・字音語・外来語でみられた。

   やまざくらが　ちりはじめる　ゆ<u>ー</u>ぐれの　ことで　あった（4号）
   きゅ<u>ー</u>-こっかい　かいふく　うんど―の　く<u>ー</u>きが　の―こ―と　なるに　つれ（6号）
   る<u>ー</u>まにあ　こ―ていの　たいかんしきわ　16にち（25号）

 また、ウ列拗長音が字音語と外来語にみられるが、これは「拗音符＋ウ列＋長音符」となる。これも現在の点字表記法と共通する。

   ふつか　きょ―いく　ひょ―-ぎかいに　おいて　りゅ<u>ー</u>こく　おおたに　りっきょ―　せん<u>しゅー</u>の　しょだいがく　および　くまもと　いせん　みな　しんだいがくれいに　よる　ことを　かけつした（1号）
   ぜら<u>にゅー</u>むわ　なつにわ　ことに　たくさんの　はなを　つけて（7号）

 また、ウ列の和語のうち、活用語の活用語尾はウ列のかなに「う」をそえる形となっていた。

   せんねんと　たつ　うちにわ　せんまんの　ひとの　いのちを　す<u>くう</u>　ことが　できると（12号）

 活用語以外では、和語「夕べ」で1例、長音表記を使わずに「ウ列＋

う」となる例があった。

　　　ゆうべを　かざる　ぎょっこー（みかづき）の　いちわんちょおく
　　　きえしづみ（17号）

　ただし、「夕」が「ゆー」となる例は「ゆーぐれ」（4号）、「ゆーはん」（5号）、「ゆー」（18号）、「ゆーげ」（21号）、「ゆーしょく」（21号）、「ゆーひ」（22号）、「ゆーかぜ」（22号）、がそれぞれ一例ずつ、「ゆーがお」が2例（15号・18号）、「ゆーがた」が2例（7号・14号）、「ゆーやみ」が2例（7号・22号）、「ゆーべ」が3例（9号・16号・24号）の計16例となっており、ウ列のかなに長音符をそえる形が優勢となっており、長音表記をつかわない1例は、表記の不統一とかんがえられる。
　また、動詞「言う」の終止連体形は、「いう」であった[3]。

　　　けっかくきんの　こなを　ちゅーしゃしても　のんでも　よいと
　　　いうので　ある（1号）

エ列長音
　エ列の長音は和語と外来語にエ列のかなに長音符をそえる表記「エ列＋ー」があらわれる。

　　　ねーさんかぶりの　はるよ　かつよを　ひっとーに（22号）

---

[3]　金子（2007: 188）で、動詞「言う」の表記について阿佐博の談話として、以下のとおり紹介されている。「『いう』も、発音どおりに「ユー」となっている。この「ユー」の表記は『点字毎日』や日本点字図書館の表記規則にも採用され、戦後もかなり長く行なわれていたものであった。」このように、昭和期の『点字毎日』とその前身である本資料ではかなづかいにことなりがあることが推察できる。

「かーさん　ぼくも　がくこーえ　ゆきたいねー」　ははわ　ないた
（22号）
　にほん　こくみんに　たいし　つぎの　めっせーじ-を　あたえら
れた。（3号）

　また、字音語の長音表記はエ列のかなに「い」をそえる表記「エ列＋
い」となる。

　　たいざん　のみ　めいどーして　ねずみ　1ぴきも　いでず（3号）

オ列長音
　オ列長音は、和語・字音語・外来語でオ列のかなに長音符をそえる表記
「オ列＋ー」があらわれる。

　　どー　いたしまして　こちらから　かんしゃ　いたします（3号）
　　おんなわ　23　4で　あっただろー（4号）
　　おーぎの　かなめに　とーざかるほど　すえひろきが（5号）
　　ふへい　ぶんしを　じょきょする　ことが　また　ひつよーの　こ
　　とと　おもーので　ある（3号）
　　まず　よきの　せいせきを　えたと　もーすべきで　あります（15
　　号）
　　すえーでん　どいつ　えすとにあ　とるこ　ぽーらんど　うくらい
　　なとーと　つーしょーを　ひらいて（4号）
　　むりな　よーきゅーを　かす　わけにわ　ゆかないが（3号）

　拗長音は和語「今日」と字音語・外来語にみられるがいずれも現行の点
字表記と同様に「拗音符＋オ列＋ー」となる。

そこで　きょーわ　ひとつ　わがはいの　みのうえばなしでも　して　みよーと　いう　わけだ（14号）
　　えいこく　しゅしょー　ろいど　じょーじ　し-などが　たいせんで　よわりきった　おーしゅーの　かいふくを　はかる　ために（1号）

　長音に長音表記をつかわない例として、オ列のかなに「う」をそえる表記「オ列＋う」があらわれた。動詞の終止連体形の活用語尾がこれにあたる。また、「凍る」の語幹の例が1例あった。

　　うごきはじめたかと　おもうと　すがたわ　こつぜんと　きえて（1号）
　　てあらう　みづの　まづ　こうりける（16号）

　ただし、動詞「思う」の終止連体形については「おもう」と「おもー」の両形があらわれた。「おもう」は22例（1巻2例、2巻2例、10巻2例、11巻2例、14巻1例、15巻2例、16巻1例、17巻2例、19巻1例、20巻4例、21巻1例、24巻1例、25巻1例）、「おもー」は10例（3巻4例、5巻3例、6巻3例）となっている。両表記形が併存する号はなく、「おもー」は10巻以前にのみあらわれるという分布がみられる。
　「凍る」については、オ列のかなに「お」をそえる形も1例あらわれる。

　　れいえん（つめたき　けむり）　こおり　うづまきて（17号）

　また、名詞形の「氷」の表記についても同様に「こおり」となる例が1例みられる。

　　ぎょーぎょーわ　そーせつ（しも　こおり）よりも　きよく（9号）

同様に、オ列のかなに「お」をそえる形は、「多い」「大きい」「遠い」といった、歴史的かなづかいではオ列のかなに「ほ」または「を」をそえる語にあらわれた。

　　　おおさか　まいにちの　ごとき　だいしんぶんにして　はじめて
　　　できる　じぎょーで　あろー（2号）
　　　おもやと　ちゅーげんべやとわ　とおく　へだって　いるので（2
　　　号）
　　　ばいうどきに　おおい　りゅーわ　しつどとの　かんけいも　おお
　　　いに　かんがえねば　ならぬ（7号）
　　　むらの　ちゅーおーに　もんぜんの　おおきい　ふるい　まつと
　　　うしろの　おおきな　やぶと（10号）

ただし、「狼」については、長音符をもちいる例が1例ある。

　　　しがいに　つく　おーかみの　よーに　ころされた　おんなの　し
　　　がいを　しとうて（8号）

　また、「多い」が「おーい」に、「多く」が「おーく」に、「おおいに」が「おーいに」、「遠い」が「とーざかる」となる例がそれぞれ1例ずつあった。

　　　けっかく　かんじゃも　しぼーりつも　おーい（5号）
　　　おーくの　かんじゃを　あつかった（7号）
　　　わがはいわ　おーいに　やそきょーの　かみに　かんしゃするよ
　　　（15号）
　　　おーぎの　かなめに　とーざかるほど　すえひろきが（5号）

助動詞「う」はすべて長音符で表記されるが、1例のみ、「お」となっているものがあった。

　　じゆーを　うしなお<u>お</u>と　した（1号）

このように、本資料の1号から25号のかなづかいを調査したところ、一部に表記の不統一もみられるが、ほぼかなづかいの方針は一定しているとかんがえられる。かなづかいの特徴をまとめると以下のようになる。

(1) 助詞「は」「へ」「を」は「わ」「え」「を」となる
(2) よつがなは字音かなづかいをふくむ歴史的かなづかいと同様である。
(3) 長音表記は、和語・字音語にもア列からオ列まで長音符を用いた長音表記があらわれる。ただし、エ列の字音語はエ列のかなに「い」をそえる。イ列・ウ列・オ列の活用語の活用語尾はそれぞれイ列のかなに「い」をそえる、ウ列のかなに「う」をそえる、オ列のかなに「う」をそえる形となる。また、オ列の和語のうち歴史的かなづかいではオ列のかなに「ほ」「を」とかかれる語は、原則としてオ列のかなに「お」をそえる形となるなど、一部に長音符がつかわれない長音表記がある。

これらの特徴は、和語・字音語ともに長音表記に長音符をもちいるという特徴をもつことから、点字表記史区分でいうところの第3期に相当するかなづかいであると考えられる。これは、本資料の刊行年代とも合致する。

以下、表1、表2、表3で『点字　尋常小学国語読本』のかなづかいと、『点字大阪毎日』のかなづかいを比較した。複数の表記形があらわれる場合は、例外的な例をカッコ内にいれてしめした。

ほぼ同時期に刊行されたと推定される点字国語教科書『点字　尋常小学

表1　助詞・よつがなの表記の比較

	点字国語読本	点字大阪毎日
助詞	「わ」「え」「を」	「わ」「え」「を」
よつがな	歴史的かなづかいとおなじ	歴史的かなづかいとおなじ

表2　和語長音表記の比較

	点字国語読本	点字大阪毎日
ア列	ア列＋ー	ア列＋ー
イ列	イ列＋ー (イ列＋い)	イ列＋ー (イ列＋い)
ウ列	ウ列＋ー (ウ列＋う)	ウ列＋ー (ウ列＋う)
エ列	エ列＋ー	エ列＋ー
オ列	オ列＋ー (オ列＋う)	オ列＋ー (オ列＋う) (オ列＋お)
拗長音	拗音符＋オ列＋ー	拗音符＋オ列＋ー

表3　字音語長音表記の比較

	点字国語読本	点字大阪毎日
ウ列	ウ列＋ー	ウ列＋ー
拗長音	拗音符＋ウ列＋ー	拗音符＋ウ列＋ー
エ列	エ列＋い	エ列＋い
オ列	オ列＋ー	オ列＋ー
拗長音	拗音符＋オ列＋ー	拗音符＋オ列＋ー

国語読本』と比較すると、かなづかいの方針はほとんど一致する。ただし、和語のオ列長音のうち、「多い」「大きい」など、現代仮名遣いでもオ列のかなに「お」をそえる形となる語については、今回調査した『点字大阪毎日』はオ列のかなに「お」をそえて、「おおい」「おおきい」となるが、『点字　尋常小学読本』では長音符をもちいて「おーい」「おーきい」となっており、方針のことなりがある。さらに、どちらの資料も活用語の活用語尾については原則として長音表記をもちいていないが、『点字大阪毎日』では動詞「思う」の終止連体形に長音符をもちいた「おもー」の形が11例みられた。活用語の活用語尾についても長音符をもちいた長音表記をこころみた例とかんがえられる[4]。どちらの資料も、点字表記史区分でいうと第3期にあたるものであるが、同じ期の資料のあいだでもかなづかいにちがいがみられることが、実際の資料から確認できた。

4. まとめ

　『点字大阪毎日』は、近代の点字関係者による情報発信・受信のための主要メディアのひとつであり、日本語点字資料のなかでは重要なものである。しかしながら、このような近代の点字新聞が日本語文字・表記研究の資料としてつかわれたことはあまりなかった。
　墨字による学校教育教材・政府公文書のかなづかいはおおむね歴史的かなづかいでかかれていた1922（大正11）年に、点字新聞『点字大阪毎日』ではすでに独自の表音的なかなづかいがつかわれていたことがわかった。

---

[4]　第2章で確認したように、点字表記史区分第3期に刊行された点字表記法書『点字規則』では、活用語の活用語尾にも長音符がもちいられている。今回採取された用例は、このような表記のさきがけであるといえよう。

また、このかなづかいは現行の点字かなづかいとの共通点もみられ、現在もひろくつかわれている点字かなづかいの骨子が、点字表記史区分の第3期にはすでにできあがっていたということができる。

　また、ほぼ同時期に刊行された点字国語教科書『点字　尋常小学国語読本』のかなづかいと比較すると、一部の語でかなづかいの方針のことなりが確認できた。近代点字資料の文字・表記研究は完全に統一されていたとはいえず、多分野にわたる点字資料の調査が必要となろう。

　そして点字新聞『点字毎日』は現在も継続して刊行されている点字新聞である。刊行時期によっては、活用語の活用語尾の長音表記にも長音符をもちいるなど、より表音的なかなづかいを採用した時期もあったことが指摘されており、今後は、他の期間に刊行されたものにかんしてもかなづかいの調査をおこない、日本語点字表記史研究の資料としていきたい。

【参考文献】
金子昭（2007）『資料に見る点字表記法の変遷——慶応から平成まで』（日本点字委員会）
銭本三千年（1975）「『点字毎日』の半世紀」『新聞研究』（290）
眞野哲夫（2002）「視覚障害者の自立支え社会へ発信する窓に——『点字毎日』80年の歩み」『新聞経営』2002（2）
森田昭二（2011）「中村京太郎と点字投票運動——『点字大阪毎日』の論説と記事を通して」『Human Welfare』3（1）

✺ 第Ⅱ部　近代点字関連資料のかなづかい ✺

| 第 5 章 |

石川倉次著『はなしことば　の　きそく』のかなづかい

1. はじめに

　石川倉次著『はなしことば　の　きそく』は、1901（明治34）年に刊行された。当時は言文一致運動が活発であり、松下大三郎著『日本俗語文典』等、口語の文典があいついで刊行されていた。本資料もその中の一冊である[1]。

　本資料は歴史的かなづかいではなく独自の表音的なかなづかいでかかれている。これは、著者である石川倉次が「かな　の　くわい」などに関わる、かなもじ論者であることが関係しているとかんがえられる。

　石川倉次の功績のひとつに、東京盲唖学校の教員として日本点字の成立に尽力したことがあげられる。明治20年頃から石川倉次が中心となって考案された6点点字は、その後改良を加えながら、現在も学校教育や公共サービスの場でつかわれつづけている[2]。

　以上のことから、『はなしことば　の　きそく』のかなづかいを調査することにより、明治期のかなづかい改定論にかかわるかなもじ論者の、表音的なかなづかいをあきらかにすることができる。それにくわえ、日本点

1　山本（1965: 52）。
2　日本点字委員会（2001）等。

字の表記法とかなもじ論者とのかかわりについてしるてがかりとなるものとかんがえられる。

2. 著者石川倉次について

　石川倉次は、1859（安政6）年、今の浜松でうまれる。石川家は井上河内守の家臣であった。1868（明治元）年のお国替で藩主井上正春にしたがい、石川家も千葉県市原郡鶴舞に移住した。それが石川倉次10歳のときであった。

　1872（明治5）年に学制が発布され、1873（明治6）年6月、15歳で千葉県鶴舞小学校に入学し、1875（明治8）年2月に17歳で同小学校を卒業している。同年3月、検定試験に合格して上埴生郡水沼小学校で読書兼算術習字課教員としてつとめはじめる。その後、さらに上級の資格をとるために1878（明治11）年に千葉師範学校に入学する。1879（明治12）年に卒業し、1886（明治19）年まで小学校の教員をつづける。この教員生活のなかで石川倉次は国語国字問題に関心をしめし、「かな　の　くわい」などにでいりをするようになる。そこで那珂通世や小西信八とであい、交流をふかめていくこととなる。それから小西信八にさそわれて1886（明治19）年、28歳で訓盲唖院（のちの東京盲唖学校）に就職する。

　東京盲唖学校在職中に日本点字を考案したのち、石川は点字器の開発や点字かなづかいの研究などをつづける。同時に、台湾における日本語教育にもたずさわり、伊沢修二との交流もあった。以上のように、石川は、国語教育・視覚障害者教育・台湾での日本語教育など、さまざまな教育分野に関係しており、国語教育史や日本語教育史研究の分野における業績につ

いての研究もおこなわれている[3]。

同様に、日本語学の分野からは、かなもじ論者としての石川倉次について、注目することができる。石川倉次が表音的なかなづかいでかいた口語文典『はなしことば の きそく』の表記について調査することで、以前から指摘のある点字表記とかなもじ論者である石川倉次との関係を明らかにするためのてがかりとなるとかんがえる。

3. 『はなしことば の きそく』について

3.1. 『はなしことば の きそく』について

『はなしことば の きそく』は、1901（明治34）年8月に金港堂から刊行された口語文典である。本編と付録の2冊からなる。本編のはしがきによると、この書は石川の小学校・東京盲唖学校・台湾での日本語教育といった教育の場における教師としての経験をもとに、平易でまなびやすい口語の読み書きの手引き書としてまとめられたものであるという。本書の刊行にあたって、伊沢修二・小西信八・上田万年・那珂通世・大槻文彦などの教育者や国語学者などがめをとおし、助言をおこなっているという。特に、大槻文彦の意見は頭注として掲載されている。表記は数字にのみ漢字がつかわれており、それ以外はひらがな専用文となっている。そのため、単語わかちがきでかかれている。

本編は8章からなり、「だい一、 こえ と かな と の こと」「だ

---

[3] 石川倉次の経歴にかんしては鈴木（1987）、林（2004a, 2004b）、吉原（2005）などを参照した。また、石川倉次が明治38年文部省仮名遣い改定案諮問案にたいする帝国教育会の調査委員会に名をつらね、墨字のかなづかい改定論にもかかわっていたことは柿木（2013）で指摘されている。

い二、をんいん の こと」で文字表記・および音韻に関してのべられている。「だい三、ことば の しなわけ」「だい四、ことばの なりたち」「だい五、ことば の うつりかわり」「だい六、ことば の かゝりあい」「だい七、ぶん の こと」で文法事項の解説がある。

　このように、『はなしことば の きそく』は口語文典としてだけではなく、表記にかんする記述もおおくあり、明治期の表記改定論にかかわる資料としても価値のあるものである[4]。

　本稿では、明治期のかなづかい改定論からみた石川倉次の表記の方針についての調査をおこなった。調査に使用した資料は、国立国会図書館近代デジタルライブラリー所蔵の『はなしことば の きそく』(金港堂・明治34年刊) を利用した。

3.2. 『はなしことば の きそく』本文の記述から見たかなづかい

　『はなしことば の きそく』より表記に関する記述のみられる「だい一、こえ と かな と の こと」「だい二、をんいん の こと」から、石川倉次の表記の方針について考察する。

　「だい一、こえ と かな と の こと」は「(一) 五十をん」「(二) だくをん」「(三) はんだくをん」「(四) よーをん」「(五) はねをん と つまりをん のばしをん のしるし」「(六)「さ」ぎょー の へんをん」「(七)「か」ぎょー はんだくおん」「(八) じをん (からもじ の をん) の かなづかい」の8節からなる。音韻の解説とそれに対応する表記についての説明がある。

---

[4] 当時は表記の改定論がさかんに議論されていた時期である。また、明治33年から8年間、小学校での国語科教育で字音語の表記を表音的なかなづかいにするいわゆる「明治33年式棒引きかなづかい」が採用されるなど、実践的な試みもおこなわれていた。

「だい二、をんいん の こと」は、おもに音韻の変遷についての説明があり、歴史的かなづかいがしめされ、歴史的かなづかいと石川倉次の考える表音的かなづかいとの対応が述べられている。

上記の2章の記述について検討していくことで、石川倉次の表記意識をしるてがかりとする。

3.2.1. かなの使用について

「だい一、こえ と かな と の こと」の冒頭に五十音図が掲載されている。ア行オ列に「を」のかなをあて、「お」とルビが振られているのが特徴である。ワ行の「ゐ」「ゑ」の仮名は五十音図にはあらわれず、ヤ行が「やいゆえよ」ワ行が「わいうえを」となっている。

ア行の「を」については、石川は以下のように説明している。

> これ まで、「あ」ぎょー に わ「オ」「お」を もちい、「わ」ぎょー に わ「ヲ」「を」を もちいる こと に なってをッた、が、われ わ どちら の ぎょー に も、「ヲ」「を」を もちいる こと に したい と をもう。その わけ わ、「オ」「お」わ これ まで、「おや・おび・おす・おくる・おどろく・おもしろい」など いう、ことば の かしら に ばかり、もちいた の である に、「ヲ」「を」わ「をか・をけ・をとこ・をんな・をる・をさむ・をがむ・かをり・いさをし・あを・うを・さを・とを」など の よー に、ことば の かしら に も、なか に も、すえ に も もちい、また、「これを・それ を」など いう あとことば に も もちいて、め に わ みなれ、み〻 に わ「お」と をなじ に、き〻 なれて も をれば、その「お」の かわり に「を」を もちいる わ、すこし も さしつかえ なく、かなづかい を たやすく しよー と いう に わ、「お・を」の わかち を せ

ぬ　ほー　が　よい　と　をもう　から　で　ある。(3 ページ)

　このように、ア行オ列に相当する音節に関して、「お」ではなく「を」のかなで表記することの根拠として、「目に見慣れている」ことをあげる。
　これは、文献学的な根拠からア行オ列を「お」とする、政府公文書や学校教育で採用されていた歴史的かなづかいとはことなる独自のものである[5]。
　また、歴史的かなづかいでは一つの音に複数のかながあてられる場合がある、「い・ひ・ゐ」「え・へ・ゑ」「お・ほ・を」については、「だい二、をんいん　の　こと」の「(二) をんいん　の　うつりかわり」のなかで以下のように説明がある。

　　　五十をん　の　うち、「や」ぎょー　を「や・以・ゆ・江・よ」「ヤ　｜　ユ　エ　ヨ」と　かき、「わ」ぎょー　を「わ・ゐ・宇・ゑ・を」「ワ・ヰ・于・ヱ・ヲ」など　と　かいて、その　よみこえ　を、たゞしく　いゝわけて、「や」ぎょー　の「以・江」「｜・エ」、また　わ、「わ」ぎょー　の「ゐ・宇・ゑ」「ヰ・于・ヱ」と、「あ」ぎょー　の　「い・う・え」「イ・ウ・エ」と、わかち　を　たてた　こと　が　あった　か　も　しれぬ　が、いま　わ、どれ　も　いゝよく　かわって、「あ」ぎょー　の　と　をなじ　こえ　に、いゝあらわす　こと　に　なり、べつ　に　かきわける　に　をよばなく　なった。(27-28 ページ)

---

[5] ただし、五十音図のア行オ列に「ヲ・を」をおくのは石川独自の発想ではなく、中世から近世中期の音図にも共通するものである。音韻の変化のなかでア行のオとワ行のヲとが混同し音図でも「アイウエオ・ワヰウヱオ」とされる例が多くみられる。また、『悉曇秘釈字記』にみられる音図のように、「オ」があらわれず、ア行・ワ行ともにオ列に「ヲ」がおかれるものも存在する（釘貫 2007: 28-31）。

（きつけ）まえ に あげた もの の うち「ゐ・ひ」が「い」となり、「ふ」が「う」と なり、「ゑ・へ」が「え」と なり、「ほ」が「を」と なった の わ、みな その「ふをん」が ぬけて「ぼ-いん」ばかり と なった の で ある。この よー な をんいん の うつりかわり を、「ふ-をん-ぬけ」と なづけよー。(31・32 ページ)

　このように、「ゐ・ゑ・お」をつかわず、「ひ・へ・ほ」をハ行専用かなとすることで、清音のかなについては一音一字に整理されている。
　次に、一つの音にいくつかの表記があらわれる可能性のある長音表記[6]、そして濁音の表記において問題となるよつがな（じ・ぢ・ず・づ）について検討する。

3.2.2. 長音表記について

　かなづかい改定論の中心となる論点の一つに、長音の表記がある。本資料では、長音表記に関する記述は、「だい一、こえ と かな と の こと」の「(五) はねおん と つまりをん のばしをん の しるし」に

　　のばしをん の しるし わ、すべて のばして いう をん の した に をく もの で ある。たとえば、
　　「ボーシ・サーベル・ビール・ろーそく・ちょーちん・こーもり・ゆーがを」
　　など（9 ページ）

6 　長音表記については、次の3通りのかなづかいが現れる可能性がある。(1) 長音の母音で表記する。「お<u>か</u>あさん」(2) 長音と違う母音を添えて表記する。「お<u>と</u>うさん」(3) 長音表記で表記する。「ケ<u>ー</u>キ」

とあり、長音の表記には長音符をもちいることがのべられている。例としてしめされているものは外来語（サーベル・ビール）、字音語（ボーシ・ろーそく・ちょーちん）、和語（こーもり・ゆーがお）がそれぞれあげられている。また、特に字音語に関しては「（八）じをん（からもじ　のをん）の　かなづかい」に詳しく説明がある。

　二段組みの表を掲示し、上段に「ありきたり　の　かきかた」として字音かなづかいの例をあげ、下段に「これから　の　かきかた」として石川倉次の提唱する長音表記法をしめしている。

　ア列・イ列長音についての記述はなく、ウ列長音・ウ列拗長音・エ列長音・オ列長音・オ列拗長音の表記についての記載がある。示された表記例をまとめると、ウ列音は「ウ列＋ー」、ウ列拗長音は「イ列＋ゅー」、エ列長音は「エ列＋ー」、オ列長音は「オ列＋ー」、オ列拗長音は「イ列＋ょー」、となり、いずれも長音符をもちいて表記することが特徴である。

　和語の長音表記については、「だい二、をんいん　の　こと」にの説明がある。これらは音韻の説明であると同時に表記への言及がみられる。たとえば、

　　　　二〇、いま　わ「を」の　だん　に「ー」を　つけて、その
　　　　をん　を　のばして　いう　が、もと　わ「う」また　わ「く」
　　　　と　いッた　もの
　　　　ほそー　ございます　わ、ほそう　ございます（略）
　　　　二一、いま　わ「を」の　だん　に「ー」を　つけて、その　をん　を　のばして　いう　が、もと　わ「あ」の　だん　に「う」また　わ「く」を　つけて　いッた　もの
　　　　あこー　ございます　わ、あかう　ございます（略）
　　　　（きつけ）「う」を「を」と　よむ　つづりかた　わ　よくない　が、「ほそく　ございます」「あかく　ございます」など　と　いう　こと　わ　よい　と　をもう。(40-41ページ)

などのように、形容詞のウ音便によって長音となる「細う」「赤う」は、「のばして いう」とあり、長音符を使用した例がみられる。

3.2.3. よつがなについて

「じ・ぢ・ず・づ」の表記については、以下の通りである。

字音語に関しては「だい一、こえ と かなと の こと」「(八) じ をん (からもじ の をん) の かなづかい」に

  じ ぢ   じ
  ず づ   ず
  (きつけ) こゝの「ぢ・づ」わ、もと の かきかた に よる も、わるく わ ない が、これ を かきわける こと わ、むつかしくて えき が ない から、をゝく わ「じ・ず」の ほー を かく こと に する が よい と をもう。
  (14-15ページ)

とあり、「ぢ・づ」はかなとして使わず、「じ・ず」に一本化する方針が示されている。

和語についても、「だい二、をんいん の こと」の「一六、もと わ「ぢ」と かいた の が いま わ「じ」と なった もの」・「一七、もと わ「づ」と かいた の が いまわ「ず」と なった もの」という2節で述べられている。ただし、

  (きつけ) まえ の よー に、いま わ たいがい「ず」と いう こと に なった が、「かなづち・こづゝみ・をゝづゝ・ひづめ・ちかづく」など わ もと「つ」の かな が、をんびん に よって にごった もの で ある から、これら わ、「ず」と わ かかぬ ほー が よい と をもう。(38-39ペー

ジ)

と、注意書きがあり、和語の連濁については、「ぢ・づ」の表記を残す方針であることがわかる。また、いわゆる「同音の連呼」については、

　　　五十をん　の　だい一の　をん、「か・が・さ・た・な・ば・ま・ら・わ」から、「ぬ」と　いう　うちけし　に　つゞく　のが、きまり　と　なッて　をる。(63ページ)

のように「ゞ」によって表記される。

4.『はなしことば　の　きそく』のかなづかい

　3.で、石川倉次の表記の方針について確認をした。つぎに、『はなしことば　の　きそく』本文で実際にどのようなかなづかいがおこなわれているのか、調査する。

　「はじめに」でのべたように、本資料の表記の特徴として、漢字をほとんどつかわないかな専用文でかかれ、表音的なかなづかいで表記されていることがあげられる。また、3.において清音については一音一字に整理され、よつがなについても、連濁により発生した「ぢ・づ」以外は「じ・ず」に統一していく方針を確認した。長音表記は長音符を使用するが、ア列・イ列についての記述がない。

　以上のことをふまえて、実際の本文から表記の用例を採取した。初出の用例を掲げることで全体を代表する用例とする。

4.1. 長音表記について

　長音表記については字音語・和語それぞれの語についての説明があった。しかし、ア列・イ列の長音表記の説明を欠いている。そこで、本文から長音表記の用例を採取し、石川の記述の補足をする。

(1) ア列長音表記

　ア列の長音表記については、字音語は用例がない。和語については、「ア列音＋ー」となる例がある。

　　　<u>あー</u>　あの　ひと　わ　ちゅーぎ　で　ある　わい。
　　　<u>やー〜</u>、てまえ　も　かたき　の　こぶん　か。（138 ページ）

　また、ア列拗長音の例がみられる。ア列拗長音の表記は「ア列音＋ゃー」となる。

　　　わたし　わ　てがみ　を　かきました。」を
　　　わたしゃー　てがみ　かきました。（172 ページ）

　外来語については、前掲の「サーベル」（9 ページ）があり、「ア列音＋ー」が見られる。

(2) イ列長音表記

　字音語のイ列長音として「しーか（詩歌）」があげられるが、これは慣用よみである。
　さらに、「だい二、をんいん　の　こと」の章に「ふたつ　の　ことば　が　つながって、一つ　の　じゅくご　と　なる　とき、うえ　の　ことば　のすえ　の　「ぼいん」が　のびて　その　あいだ　に　はいる　もの　が　ある。」（35 ページ）として、その例に「しーか」をあげている。

これは「詩歌」のことであると考えられる。
　動詞や形容詞の一部には長音符をもちいず、「イ列音＋い」の形になる。また、動詞「言う」の連用形は「いゝ」となる。

　　　なんでも　ひと　に　たやすく　できない　むつかしい　こと　を
　　　　やりえる　の　が　えらい　もの　だ　と　かんがえて、（はしがき 1-2 ページ）
　　　これ　まで、「あ」ぎょー　に　わ「オ」「お」を　もちい、「わ」ぎょー　に　わ「ヲ」「を」を　もちいる　こと　に　なって　をッた、　が、（2-3 ページ）

　また、和語の名詞には「イ列音＋ー」の用例がある。

　　　をや　まー　おじーさん、　よく　こそ　をいで　くださいました。（140 ページ）

(3) ウ列長音表記
　ウ列長音表記については、字音語は「ウ列音＋ー」となる。また拗長音は「イ列音＋ゅー」となる。

　　　やぶれた　きもの　を　きて、をかしな　ふー　を　して　たってをる。（72 ページ）
　　　まさを　わ　きゅー　に　め　を　あけて（49 ページ）

　和語は動詞の一部である「くう」「くるう」「すくう」（30 ページ）が見られた。「ウ列音＋う」となる。名詞は「ゆーがお（夕顔）」（9 ページ）であり、「ウ列音＋ー」となる。

(4) エ列長音表記

字音語は「エ列音＋ー」となる。

> いさわ、しゅーじ せんせー に みて いた゛いた ところ が、
> (はしがき 5 ページ)

和語は、助動詞に「エ列音＋ー」の例がある。

> (ヘ) だい一るい の わざことば に かぎッて 「ウ」だん から「べー・まい」の 二つに つぶく。 たとえば、
> かくべー・かくまい・のむべー・のむまい」など (95 ページ)

(5) オ列長音について

オ列長音は用例が多くみられる。字音語は「オ列音＋ー」となる。また、拗長音は「イ列音＋ょー」となる。

> ◎つかいにくい どーぐ を つかッて をる の わ、まだ、ひらけない くにびと の する こと で ある。(はしがき 1 ページ)
> わが くに の これ まで の もじ・ぶんしょー わ、まこと に、むつかしくて (はしがき 1 ページ)

和語も、名詞、形容詞、副詞、助動詞に「オ列音＋ー」が見られる。

> をとーと に いゝつけて、いもーと を はやく をこさせる。(82 ページ)
> てんのーへーか こそ、いちばん たッとー ございます。(115 ページ)

「これ　わ　よい　もの　が　できた。　はやく　はん　に　して
　　よ　に　だして　みる　が　よかろ―」（はしがき 5 ページ）
　まだ、わが　くに　びと　の　うち　に　わ、そ―　をもって
　をる　ひと　も　（はしがき 2 ページ）

ただし、「大」「多」のようにア行オ列の長音は一貫して「をゝ」となっている。また、「とをる（通る）」「もをす（申す）」のように動詞の一部分については、「オ列音＋を」の表記がみえる。

　をゝつき、ふみひこ　せんせ―　にも　みて　いたゞいた　のである。（はしがき 6 ページ）
　この　ほん　わ、まえ　に　のべた　とをり　の　わけ　で、（はしがき 7 ページ）
　いしかわ、くらじ　と　もをす　もの　で　ある。（はしがきか 10 ページ）

拗長音は「イ列音＋ょ―」となる。

　わたし　わ　こんにち　の　しんぶん　を　みた　が、あなた　わ　まだ（こんにち　の　しんぶん　を）みない　で　しょ―。（211 ページ）

　以上をみていくと、長音表記については、字音語・和語ともに長音符をもちいたものに統一をはかっていることがわかる。ただし、ウ列・オ列の動詞・形容詞の一部分としてあらわれる長音は長音符を使用していない。

4.2. 長音表記以外のかなづかいについて

　次に、長音表記以外のかなづかいについて調査し、3. で整理した石川

の記述を補足する。本資料は、漢数字以外には漢字を使用しないかな文専用文でかかれている。外来語にカタカナ表記がみられる。また、促音の表記についても「ッ」とこがきのカタカナ字体があらわれる。それ以外の文字はひらがなで書かれている。かなの字体の使用については、3.で確認した記述どおり、「ゐ・ゑ・お」はあらわれず、「ひ・へ・ほ」はハ行専用かなとなっている。これは助詞についてもあてはまる。

> つかいにくい どーぐ <u>を</u> つかって をる の <u>わ</u>、まだ、ひらけない くにびと の する こと で ある。(1ページ)
> さる が もゝたろー に むかって、「あなた <u>わ</u> どこ <u>え</u> をいで なさいます か」と いえば、(48ページ)

以上のように、原則として1つの仮名に2つのよみがあてられることはない。ただし、和語で同じ仮名が続く場合は、「ゝ」「ゞ」がつかわれ、

表1『はなしことば の きそく』のかなづかい

よつがな	「じ」「ず」に統一 (連濁にかぎって「ぢ」「づ」があらわれる)
助詞「は」「へ」「を」	「わ」「え」「を」
ア列長音	ア列＋ー
イ列長音	イ列＋ー イ列＋い（活用語の一部） イ列＋ゝ（「言う」の連用形などの語）
ウ列長音	ウ列＋ー ウ列＋う（活用語の活用語尾等）
拗長音	イ列＋ゅー
エ列長音	エ列＋ー
オ列長音	オ列＋ー オ列＋を（「通る」「申す」など一部の和語） オ列＋ゝ（「多い」「大きい」などの語）
拗長音	イ列＋ょー

　　　　わざことば　と　すけことば　と　の　つゞき　かた（93 ページ）

のように、四つ仮名にかかわるものについても「つずく」ではなく「つゞく」の形が見える。

　これらのかなづかいを整理すると、**表 1** となる。

5. まとめ

　石川倉次著『はなしことば　の　きそく』の表記について、本文の記述と、実際に本文にあらわれる表記の考察をおこなった。

　本資料は簡易な口語文の習得を目的にかかれた口語文典であり、そのため表記も習得がむずかしい歴史的かなづかいをもちいず、独自に工夫された表音的な表記でかかれている。

　表記の特徴は、漢数字以外の漢字をつかわず、そのかわりに単語わかちがきをする。かなは「ゐ・ゑ・を」をつかわず、「は・へ・ほ」をハ行専用のかなとした上で、一字一音に整理している。そのかなづかいも連濁以外に「ぢ・づ」を使わず、表音的なものになっている。また、長音表記に長音符をつかっている、いわゆる棒引きかなづかいとなっているのも特徴となっている。和語の連濁以外のよつがなの区別をおこなわないこと、和語も字音語も表音的表記でかかれ、エ列長音も「エ列音＋ー」となることなどから「明治33年式棒引きかなづかい」よりもさらに表音的な表記法でかかれているといえる。

【参考文献】

柿木重宜(2013)「近代「国語」における「棒引き仮名遣い」の終焉──藤岡勝二に関わる文献学的アプローチを中心にして」『滋賀短期大学研究紀要』38

釘貫亨(2007)『近世仮名遣い論の研究』(名古屋大学出版会)

鈴木力二(1987)『伝記叢書13 日本点字の父 石川倉次先生伝』(大空社)

日本点字委員会(2001)『日本点字表記法 2001年版』(日本点字委員会)

林弘仁(2004a)「新資料 石川倉次の『台湾学生教授日誌』をめぐって」『久留米大学大学院比較文化研究論集』(15)

林弘仁(2004b)「石川倉次の国語研究」『久留米大学大学院比較文化研究論集』(16)

山本正秀著(1865)『近代文体発生の史的研究』(岩波書店)

吉原秀明(2005)「文法教育における「付帯的指導」の可能性 三土・芳賀・石川の文典に見られる教育的配慮を参考に」『奈良教育大学国文』(28)

| 第 6 章 |

『尋常小学読本』のかなづかい

1. はじめに

　1904（明治37）年から1909（明治42）年にわたって使用された文部省著『尋常小学読本』（イエスシ本）は、第1期国定国語教科書としてしられている。この資料の表記上の特色として、かなづかいにいわゆる「明治33年式棒引きかなづかい」が使用されていることがあげられる。この「明治33年式棒引きかなづかい」は今日、公文書や学校教育でおこなわれているかなづかいの「よりどころ」をしめした「現代仮名遣い」（昭和61年内閣告示）にさきだって、1901（明治34）年から1909（明治42）年の8年間、一部の語にたいして表音的なかな用字法を採用したかなづかいである。

　「明治33年式棒引きかなづかい」が実際に初等教育の教科書で使用されたのは8年間のみではあるが、「現代仮名遣い」やその前身である「現代かなづかい」（昭和21年内閣告示）にさきだって歴史的かなづかいより平易な表音的な表記をめざし、実践された。また、近代日本語教育の教科書に用いられたかなづかいや、現代点字かなづかいとの関連もかんがえられ、近代かなづかい改定論史研究においては、重要なかなづかいであるといえる。しかしながら、実際の資料にあたっての研究は、されてはいない。

　そこで、きわめて広範囲にもちいられた第1期国定国語教科書である

『尋常小学読本』（イエスシ本）に用いられたかな表記について調査することで、「明治33年式棒引きかなづかい」の実態をあきらかにしていくことを、本章の目的とする。

2.「明治33年式棒引きかなづかい」とは

　和語や字音語の長音表記に「棒（長音符「ー」）」を用いるかなづかいについて、「棒引きかなづかい」とよばれることがある。しかしながら、「棒引きかなづかい」という一定のかなづかいがあるわけではなく、長音表記に長音符をもちいてかかれているという共通点のあるものでも、調査をすると、資料によって用字法がことなる場合がある。

　そこで、本稿では、長音表記に長音符を使用するかなづかいの総称である「棒引きかなづかい」と区別して、1901（明治34）年から1909（明治42）年まで尋常小学校の教科書につかわれたかなづかいを特に、「明治33年式棒引きかなづかい」とよぶこととする。

　この「明治33年式棒引きかなづかい」は、1900（明治33）年の小学校令の改正および「小学校令施行規則」の発布により導入され、翌年の1901（明治34）年から1909（明治42）年まで小学校の教科書でつかわれた。具体的な規定としては、「小学校令施行規則」の第2号表で「従来用ヒ来レル字音仮名遣」と「新定ノ字音仮名遣」との対照表がしめされた。この第2号表については、永山（1977: 103）で整理されている。それにもとづき、以下にその特徴をあげる。

　　（1）尋常小学校にのみ適用された。
　　（2）第2号表では、字音語のかなづかいの変更点のみがしめされている。

(3) 字音語長音の長音表記に長音符「ー」がもちいられる。
(4) 拗音の表記は、「や」「ゆ」「よ」を右側下に細書する。
(5) 「か」と「くわ」、「が」と「ぐわ」、「じ」と「ぢ」、「ず」と「づ」の区別を廃し、「か」「が」「じ」「ず」に一本化した。しかし、これらについては「従来慣用ノ例ニ依ルモ妨ナシ」と注意書きが添えられている。

このように、「明治33年式棒引きかなづかい」は、字音語か和語かという語の系統によりかなづかいを区別する。このかなづかいをつかいこなすには、ひとつひとつの語について、それが字音語か和語かをおぼえておく必要がある。墨字による近代学校教育では「明治33年式棒引きかなづかい」は8年間もちいられたのみで、その後は1946（昭和21）年の「現代かなづかい」の発布にいたるまで歴史的かなづかいがつかわれつづけた。

一方、近代点字資料を調査すると、「明治33年式棒引きかなづかい」と共通点もある独特の棒引かなづかいが使用されており、その特徴は現在の日本語点字かなづかいにもうけつがれている。また、清国留学生を対象とした日本語教育でつかわれていた日本語教科書のいくつかも、「明治33年式棒引きかなづかい」と同様の特徴をもつものがあり、昭和のはじめまで版をかさねている[1]。

また、この「明治33年式棒引きかなづかい」は学校教育に導入され、8年間つかわれたのち廃止となり、その後、1905（明治38）年に国語調査委員会によってだされた改定案が採択されなかった。この経緯については、柿木（2007）で分析されている。柿木は、「『棒引きかなづかい』の「消失」の原因には、国語政策上の観点からみると、複雑に交錯した様々な政治的要因が胚胎し、単に文字の便宜上の問題であるという言語内的条件だけではとうてい説明できない」（柿木 2007: 51）と指摘したうえで、言語学者の

---

1 近代日本語教育教材のかなづかいについては、第7章でくわしくのべる。

藤岡勝二が棒引きかなづかいからローマ字表記へと関心を移していったことと、「明治33年式棒引きかなづかい」が小学校教育において廃止され、歴史的かなづかいに戻ったこととの関連について述べている。

このように「明治33年式棒引きかなづかい」は、「たった8年間しかつかわれなかった失敗したかなづかい」という評価をうけることもあるが、実際にはその廃止は当時の政治的な要因がかんがえられており、また近代日本語教育の教材や近代点字文書ではながくもちいられつづけたかなづかいである。このような点から、「明治33年式棒引きかなづかい」は近代かなづかい改定論史において重要なかなづかいであるといえる。しかしながら、その実態がどういうものであったのか、というのは完全にはあきらかとなってはいない。その原則が記されている「小学校令施行規則」第2号表では、字音語のかなづかいしか記載されておらず、長音表記についてはウ列、オ列の長音の例があげられているのみであり、エ列長音についての記述はない。「明治33年式棒引きかなづかい」は、「小学校令施行規則」第2号表がその根拠となるが、それだけではこのかなづかいの全容はわからない。実際に資料にあたって調査をする必要があるとかんがえる。

3. 『尋常小学読本』について

前章でのべた「明治33年式棒引きかなづかい」は、第1期国定教科書が使用される以前の、検定教科書でももちいられていた。たとえば坪内雄蔵（逍遥）著『国語読本』（冨山房・1900）などがそれにあたる。1902（明治35）年の教科書疑獄事件をきっかけとして、1903（明治36）年に小学校令が改正され、翌1904（明治37）年から国定教科書がつかわれはじめる。第1期国定教科書は、1909（明治42）年までつかわれ、第2期国定教科書から、ふたたび歴史的かなづかいにもどる。

「明治33年式棒引きかなづかい」について調査する場合、これらの検定教科書と第1期国定教科書が資料となるが、本書では広範囲にわたってつかわれたという影響力をかんがえ、第1期国定国語教科書である『尋常小学読本』（イエスシ本）を使用する。

　『尋常小学読本』は、全8巻からなる。1・2巻はカタカナわかちがき文でかかれている。3巻からはひらがなわかちがき文もはいるようになり、ごくわずかに漢字がつかわれはじめる。4巻も同様であるが、漢字の割合がふえていく。5巻以降はわかちがきがなくなり、漢字カタカナ交じり文と漢字ひらがなまじり文で構成されている。

　調査には、復刻版である『尋常小学読本　教育資料版』（広島図書・1952）1巻〜8巻を使用した。課名・語釈等をのぞいた本文中のかなづかいのなかで、長音表記に着目して用例を採取した。ただし、本文は総ルビではないため、漢字使用率のふえる4巻以降については、ルビの付されているもののみを用例としてとりあつかう。

4.　『尋常小学読本』のかなづかい

　以下に、調査した用例についてまとめる。2. でふれたように、「明治33年式棒引きかなづかい」の根拠となるのは、「小学校令施行規則」第2号表であるが、これは字音語のかなづかいについての規定となる。このため、『尋常小学読本』のかなづかいについても、和語と字音語とではかなづかいがことなっていることがかんがえられる。そこで、和語と字音語とのそれぞれについて分析をおこなう。以下、用例をあげる場合はすべて新字体になおし、ルビが付されているものは漢字の後に、カッコ内に入れて示す。わかちがきがされている場合は、それを反映する。また、用例の後に巻数とページ数をカッコ内に入れてしめした。　長音表記かどうかを判断する

基準として、長音符「ー」を使用しているもの、および、文部大臣官房図書課編集の『仮名遣諸問ニ対スル答申書』（明治三十八年十二月）のなかの、「新旧仮名遣対照表」のなかで長音表記とされているものを参考にした。

本資料は1905（明治38）年に、国語調査委員会が提出した仮名遣改定案について、用例をあげて詳しく説明がなされている。「新旧仮名遣対照表」の凡例には、

> 本表ハ国語及字音ノ長短熟語ニ就キテ新定仮名遣ト旧仮名遣トヲ対照シタルモノニテ
> 第一号表ハ国語ト字音語トニ区別シテ、旧仮名遣ヲ秩序的ニ配列シタルモノ、第二号表ハ斯クノ如キ区別及秩序ニ拘ラズ、単ニ新定仮名遣ガ旧仮名遣ノ幾何ヲ包含セルカヲ示セルモノナリ

とあり、長音の「旧仮名遣」（歴史的かなづかい）と表音的なかなづかい、そして発音とが対照できる表となっている。表は第一号、第二号に分かれ、第一号表はさらに甲、国語ノ部・乙、字音ノ部にわかれている。それぞれの部のなかにまた、短音と長音で別の表がある。ここで、「国語ノ部」と「字音ノ部」の、長音の表がある。

この表をもとに、長音表記に相当するとおもわれる歴史的かなづかい、表音的かなづかい、そして長音符をつかった長音表記を用例として採取した。ただし、「云フ」「言フ」など、同じ動詞で漢字表記にゆれがみられるものがあったが、今回は長音表記のみを問題とするために、おなじものとしてあつかった。また、長音に該当するとみえる表記であっても、「第一（ダイイチ）」などのように、2語の連続によって長音表記と同様の表記形になるものは考察の対象からはずした。

4.1. 和語の長音表記

和語の長音表記について、ア列からオ列の列ごとに用例をあげる。

(1) ア列

ア列の長音表記は、「ア列＋あ」と、長音符を使用する「ア列＋ー」との2とおりがみられる。長音符は、擬音語もしくは「ああ」「さあ」「まあ」といった感動詞にあらわれる。

  オ<u>カア</u>サン。　オハヤウ　ゴザイマス。(2巻・1)
  <u>カー</u>、<u>カー</u>、カラス、カラス　ガ　ナイテイク。(1巻・56)
  <u>アー</u>。　オチヨサン　デス　カ。　ヨク、イラッシャイマシタ。
  (2巻・15)
  <u>さー</u>。　なにか、おかきなさい。(4巻・55)
  <u>マー</u>。　ミゴトナ　ブドー　デハ　アリマセンカ。(3巻・51)

(2) イ列

イ列長音は、「イ列＋ひ」「イ列＋い」があらわれた。いずれの例も、歴史的かなづかいに準ずる。

  <u>ニイ</u>サン　ハ、ビックリシテ、トンデキマシタ。(2巻・25-26)
  アチラ　ニ、サイテキル　ハナ　ハ　<u>チヒ</u>サウゴザイマス。(2巻・3)

また、長音表記に長音符を使われる例として、「いいえ」があった。

  <u>イー</u>エ。　コレ　ハ　ワタクシ　ノ　ス　デス。(3巻・12)

(3) ウ列

　ウ列の長音表記は、「ウ列＋う」「ウ列＋ふ」があらわれる。どちらも歴史的かなづかいに準ずる。

　　　タキチ　ノ　カキ　ハ、タイソー、シブウゴザイマシタ。(2巻・9)
　　　ソノ　ヒ　ノ　ユフガタ、カゼ　ガ　タイソー　ツヨク、フキダシマシタ。(3巻・25)

　また、動詞「言う」についても、歴史的かなづかいに準ずる。
　　　オトウサン。アレ　ハ　ナン　ト　イフ　クサ　デ　ゴザイマスカ。(2巻・10)

　ウ列拗長音は、「イ列＋う」がみられた。

　　　ねだんは、二十円までのもので、よろしうございます。(6巻・10)

(4) エ列

　エ列の長音表記は、「エ列＋え」「エ列＋い」「エ列＋ひ」の例があった。これらも、歴史的かなづかいとの衝突はない。

　　　コノ　ニンギョー　ノ　キモノ　ハ　ネエサン　ニ　コシラヘテ　モラッタ　ノ　デス。(2巻・7)
　　　タケノコ　ト、セイクラベ　ヲ　シテミマセウ。(3巻・21)
　　　タヒ　ヤ　カレヒ　ヤ　ソノ　ホカ、イロイロナ　ウヲ　ガ　キマス。(3巻・48)

（5）オ列

　和語のオ列の長音表記は、「ア列＋う」「ア列＋ふ」「オ列＋う」「オ列＋ふ」「オ列＋ほ」、また、拗長音は、「エ列＋う」「エ列＋ふ」がみられた。これらは、歴史的かなづかいに準じる。

　　　オ<u>トウ</u>サン。　オハ<u>ヤウ</u>　ゴザイマス。(2巻・1)
　　　ム<u>カフ</u>　ノ　ホー　ニモ、　フネガ　ミエテ　キマス。(3巻・46)
　　　マタ、　チカラ　ガ　<u>ツヨウ</u>ゴザイマス。(4巻・5)
　　　<u>キノフ</u>　モ、　オトトヒ　モ、　フリマシタ。(3巻・15)
　　　コチラ　ニ、　サイテキル、　ハナ　ハ　<u>オホキウ</u>ゴザイマス。(2巻・3)
　　　ワタクシ　ガ　ミセアゲマ<u>セウ</u>。(2巻・54)
　　　<u>ケフ</u>　モ、　アサ　カラ、　アメ　ガ　フッテキマス。(3巻・14)

　そして歌詞の一部と、副詞「とうとう」、感動詞「おお」に長音符を使用した例がみられた。

　　　<u>ホー</u>、　<u>ホー</u>、　ホタルコイ。(3巻・31)
　　　<u>トートー</u>、　カシ　ノ　キ　ヲ　オッテ　シマヒマシタ。(3巻・25)
　　　<u>おー</u>。　りっぱな　富士山（ふじさん）が　できた。(4巻・10)

4.2. 字音語の長音表記
　ア列・イ列字音語の長音表記については用例がないのでとりあげない。ウ列・エ列・オ列について分析する。

（1）ウ列
　ウ列の字音語は、「ウ列＋ー」で統一されていた。また、ウ列拗長音は、

「イ列＋ゅー」であった。

　　　　ソコデ、オイシャサマノ　フー　ヲ　シテ、カゴ　ノ　ソバ　ニ、
　　　　イキマシタ。(2巻・53)
　　　　ながい　はりが　じゅーに　と　いふ　字　を　さして、(3巻57)

(2) エ列
　エ列の長音表記は、「エ列＋い」となる。

　　　　キレイナ　ミヅ　ガ　ナガレテ　キマス。(2巻・5)

(3) オ列
　オ列の長音表記は、すべて「オ列＋ー」となっていた。また、オ列拗長音は、「イ列＋ょー」であった。

　　　　ラッパ　ヲ　フイテキル　ノハ　タロー　デス。(1巻53)
　　　　コノ　カハイラシイ　ニンギョー　ヲ　ゴランナサイ。(2巻6)

4.3. 『尋常小学読本』のかなづかいの特徴

　前項までで、本資料の長音表記について和語・字音語ごとに分析をした結果、やはり「小学校令施行規則」第2号表を反映して、字音語にいわゆる「棒引きかなづかい」があらわれることがわかる。そして、和語にかんしてはおおむね歴史的かなづかいに準じたかなづかいでかかれていたことがわかった。
　その一方、和語にも「棒引きかなづかい」があらわれないわけではなく、ア列・イ列・オ列の擬音語・感動詞・副詞などの一部の語にかんして、長音表記に長音符がつかわれていることがわかった。これらの特徴を以下に

表1 『尋常小学読本』のかなづかい

	和語	字音語
よつがな	歴史的かなづかいとおなじ	字音かなづかいとおなじ
ア列長音	歴史的かなづかいとおなじ（一部の語で「ア列＋ー」「ア列＋あ」となる）	
イ列長音	歴史的かなづかいとおなじ（一部の語で「イ列＋ー」となる）	
ウ列長音	歴史的かなづかいとおなじ	ウ列＋ー
拗長音	歴史的かなづかいとおなじ	イ列＋ゅー
エ列長音	歴史的かなづかいとおなじ	エ列＋い
オ列長音	歴史的かなづかいに準ずる（一部の語で「オ列＋ー」となる）	オ列＋ー
拗長音	歴史的かなづかいとおなじ	イ列＋ぉー

表1にまとめる。

　また、助詞の表記は「は」「へ」「を」であり、よつがなにかんしては、和語も字音語も歴史的かなづかい・字音かなづかいに準じて「ぢ」「づ」があらわれた。

5. おわりに

　字音語の長音表記に長音符をもちいる「明治33年式棒引きかなづかい」は、清国留学生を対象とした近代日本語教育や、現在も長音表記に長音符をもちいる日本語点字との関連が考えられ、近代かなづかい改定論史を研究するうえで重要なかなづかいである。しかしながら、実際にどのように運用されていたかということは、あきらかになっていなかった。

　そこで、「明治33年式棒引きかなづかい」でかかれ、国定教科書とし

てひろくつかわれた『尋常小学読本』を資料として、長音表記の調査を行った。その結果、和語と字音語とでかなづかいがことなっていた。和語はほぼ歴史的かなづかいに準ずるかなづかいがつかわれていたが、ア列・イ列・オ列の感動詞や擬音語などの一部の語に棒引きかなづかいがみられた。字音語は、ウ列、オ列については長音表記に長音符がつかわれる棒引きかなづかいであり、エ列は「エ列＋い」の形になっていたことがわかった。

「明治33年式棒引きかなづかい」の規定は「小学校令施行規則」第2号表によるものではあるが、第2号表には記載のない和語の棒引きかなづかいが資料であらわれたことについては、その経緯について別途調査する必要がある。

「明治33年式棒引きかなづかい」は、この『尋常小学読本』からのちは、学校教育では使われなくなる。和語と字音語の区別をし、和語には歴史的かなづかい、字音語は棒引きかなづかいという二重基準による表記の複雑さが教育現場に混乱をもたらしたためという説明がされることもおおいが、その一方、近代日本語教育の一部の教科書については、この「明治33年式棒引きかなづかい」と非常に共通点のおおいかなづかいでかかれていたものが、昭和初期にいたるまで版をかさね、つかいつづけられている。

柿木 (2008) が指摘するように、「明治33年式棒引きかなづかい」が廃止されたのは政治的な局面もおおきくかかわっていたことがかんがえられる。また、字音語や和語の表記に「棒（長音符）」を使用することへの抵抗感もおおきかったこともうかがえる[2]。このような政治的・心情的な面と

---

[2] 明治33年式棒引きかなづかいについては心情的な抵抗感をもっていたものもすくなくないことが指摘できる。たとえば、『國學院雜誌』第11巻4号-7号（明治38年）で「文部省提出文法許容仮名遣改訂案に就いて」という特集が組まれた。このなかで、歴史的かなづかい擁護の立場をとるものからはいうまでもないが、かなづかい改定に賛成をとなえるものでも、長音表記の棒（ー）に抵抗感をあらわしている。

は別に、表記の機能性という観点から、「明治33年式棒引きかなづかい」はもう一度評価づけをする必要があるとかんがえる。本資料1巻から3巻までのような、漢字をつかわずに、かなのみでかかれた文章のみをみると、「明治33年式棒引きかなづかい」は、歴史的かなづかいと棒引きかなづかいがいりまじった非常に複雑なものにおもえるが、漢字を習得してしまえば、実際には字音語のかなづかいは漢字にかくれることとなる。漢字かな交じり文の習得にさいして、複雑なうえに漢字をつかようになれば、ほとんどおもてにでることもなくなる字音かなづかいを暗記する手間をはぶくためのかなづかいであるとかんがえると、この複雑にみえる「明治33年式棒引きかなづかい」にも合理性があるのではないか。

　「明治33年式棒引きかなづかい」およびそれと関連する棒引きかなづかいについて、どのようにうけいれられ、運用されていたのか、そしてどのような利点と問題点があったのか、当時の資料にあたってさらに検討していきたい。

【参考文献】
井上敏夫（1958）「国語教科書の変遷」『国語教育科学講座 国語教材研究論』5（明治書院）

　　仮名遣（改訂仮名遣いのこと）も私は賛成だ。（略）但し棒だけはやめてもらひたい、棒は符号で、文字ではないから、仮名の中に入れて全然調和しない。（四号・白鳥庫吉）
　　私は学理上、教育上、政治上、文部省の改正案には賛成してをります。但し棒を用ふることは、文字の統一の上から、又実際書写の上から、ずいぶん不都合であるやうに思はれる。（六号・丸山正彦）
　　さていかなる文部省案賛成家でも、棒引に賛成する人は殆どないやうである。これほど人にきらはれてゐる棒を文部省が強ひて振りまはさうとされるのはどうふいふ了見であらうか。（六号・高橋龍雄）

柿木重宜（2008）「国語国字問題における藤岡勝二の言語思想について──「棒引仮名遣い」から「ヘボン式ローマ字表記法」まで『滋賀女子短期大学研究紀要』33
国立国語研究所（1985）『国定読本用語総覧』1巻（三省堂）
永山勇（1977）『仮名づかい』（笠間書院）

| 第 7 章 |

松本亀次郎『言文対照　漢訳日本文典』のかなづかい

1. はじめに

　かなづかい改定論の発端は、歴史的かなづかいをこどもに教える困難さから、学校教育の場で教員たちが表音的なかなづかいの研究をはじめたことにある。同時に、歴史的かなづかいは、生徒児童ばかりではなく、日本語を第一言語としない学習者にとっても困難であったことが予想される。

　1895（明治 28）年、日本国は日清戦争に勝利し、それにより台湾を日本の国土にくみこんだ。その後、明治政府は清国留学生を大量にうけいれることとなった。このような状況をうけ高橋 (1907) は、当時の口語文法の発展にはこの清国留学生への日本語教授によるところがおおきいと指摘している[1]。

　　（明治）三十八九年になって、清人に口語を教へたことが盛大に

---

[1] ここでは、物集高見『言文一致』、金井保三『日本俗語文典』、松下大三郎『日本俗語文典』などの国語学者による口語法書のほかに、長谷川雄太郎『日語入門』、伊沢修二『東語初楷』、松本亀次郎『言文対照漢訳日本文典』、松下大三郎『漢訳日語楷梯』、難波常雄『漢和対照日語文法要述』などといった日本語教材としての文典類も紹介されている。

なつてきたと同時に、口語の研究は実際的になつてきて、標準語文典が自然にそれぞれ日語教習に困りて確率されることゝなつたのは、実に嘉すべき現象といはねばならぬ。即ち日本語を清人に伝へることの事業が、日本語の勢力拡張の上に大なる関係をもつてをると同時に、自国人の間で等閑視されてゐた実地活用の生々たる口語の法則が、実際的に研究されることになったのである。（高橋 1907: 59-60）

　このように、近代表記改定論争は国語教育と密接にかかわっていると同時に、清国留学生および台湾や朝鮮などの地でおこなわれた日本語を第一言語としないひとびとへの日本語教育との関連についても、考察する必要があろう。しかしながら、国語教育とかなづかい改定論についての考察は数おおくあるものの、近代日本語教育でどのようなかなづかいがおこなわれていたのか、実際の資料をもちいたかなづかいの調査はあまりすすんでいない。
　そこで、近代国内清国留学生への日本語教育が、当時さかんに行われていたかなづかい改定論争とどのようにかかわっていたのか、長音表記を調査対象にとりあげて、考察していくこととする。

2. 清国留学生を対象とした日本語教育におけるかなづかい

　清国留学生への日本語教育におけるかなづかいについて、国学院大学教授高橋龍雄が梅園というペンネームをつかって、『国学院雑誌』13巻2号（1907年）の彙報に「清国留学生を教へる国語仮名遣」という題で寄稿している。

　　　清国留学生は漢字さへ見ればその意味がわかる。（略）随つて仮名遣は漢字の振仮名として、<u>すべて発音的に用ひられてをるのが</u>、

目下東京の各清国留学生の学校で、日本語を教へてゐる人達の大抵が一致してやつてをる事である。

　このように、東京の日本語教育におけるかなづかいは「発音的」なかなづかいであったことが指摘されている。しかし、「発音的」とはいっても、具体的にどのようなものであったのか、くわしくはあきらかになってはいない。そこで、日本語教育のなかで実際にどのような表音的かなづかいがつかわれていたのか、清国留学生を対象とした日本語教育文法書である『言文対照　漢訳日本文典』（以下、本資料とする）のかなづかいの調査をおこなう。

　本資料は、口語と文語の両方を取り扱う文法書であり、文語を学ぶにあたっては、字音かなづかいを含む歴史的かなづかいの知識が必要となろう。また、当時世間で広く行われていた歴史的かなづかいについては、和語（特に用言）に限れば、活用や音便などといった文法の知識が、「正しい」表記を習得することの助けになる。このように文法と表記法はお互いに無関係なものではなく、大きくかかわりあっている。

　このような状況で、日本語を第一言語としない学習者に口語と文語の文法を同時に解説する場合、その表記法はどのようなものであるか、考察することには意味があると考えられる。

　当時はかなづかい改定論がさかんに議論され、実際の学校教育など、一部の分野で棒引きかなづかいなどの表音的なかなづかいが採用されていたという時代の背景がある。その一方、実際の生活では歴史的かなづかいがひろくおこなわれており、留学生も歴史的かなづかいでかかれた文書にめをとおす機会はおおかったものとかんがえられる。

　このような観点から、本研究では、松本亀次郎の日本語学習者向けの文法書の表記について、考察していくこととする。

3. 『言文対照　漢訳日本文典』について

3.1. 松本亀次郎について

　本資料の著者松本亀次郎は、1866（慶応2）年にうまれ、小学校の国語教師、校長、師範学校教授をつとめ、1904（明治36）年に上京し、加納治五郎が創立した日本語学校「宏文学院」で教鞭をとり、1907（明治40）年から4年間の北京大学の教授をへて、1914（大正3）年に日本語学校「東亜高等予備校」を開校する。それより1931（昭和6）年に名誉教頭となるまで、日本語教育にかかわりつづけた。また、松本はおおくの日本語教材を編纂し、近代日本語教育におおきく影響をあたえた。

3.2. 『言文対照　漢訳日本文典』について

　『言文対照　漢訳日本文典』は[2]、1904（明治37）年に刊行された。本文は漢字カタカナ混じり文で書かれており、漢字には右ルビが付されている。この資料についてさねとう（1981）は次のようにのべている。

> 　1903（明治26）年4月、松本は佐賀師範の教諭をやめて、宏文学院の教授となった。彼は熱心に日本語の教育にあたるとともに《言文対照・漢訳日本文典》（1904年）を出版した。（略）広く中国でもよまれた。教え子である留学生がよろこんで愛読したことは、いうまでもなかろう。この本はついに40版をかさねたのである。（さねとう1981: 343）

　このように、本資料は清国留学生にひろくしられた文法書であり、松本

---

[2]　書誌情報については、詳細な解題である増田（2001）を参照した。

亀次郎の代表作の一つである。

　今回の調査は、国会図書館近代デジタルライブラリー所蔵『言文対照漢訳日本文典』（第3版）を調査資料とした。図表をのぞく本文中から、かながき箇所と漢字のルビのなかで、長音の表記に相当するものを用例として採取した。

　用例をあげるさい、ルビは漢字の後ろに丸括弧（）に入れて示した。

4. 『言文対照　漢訳日本文典』のかなづかい

　本資料のかなづかいについてまとめると、助詞は「は」「へ」「を」がもちいられており、よつがなは和語・字音語ともに歴史的かなづかい・字音かなづかいと同様であった。

　長音表記について、和語・字音語にわけて用例をしめすと、**表1**のとおりである。

　この表から、和語・字音語で表記形に分布があることがわかる。ウ列・オ列の字音語・外来語の長音表記には長音符がつかわれる傾向があるが、和語にかんしてはさまざまな表記形があらわれている。

　そこで、実際の用例を、和語・字音語・外来語の語種ごとに考察していくこととする。

4.1. 和語の長音表記

　和語の長音表記は、以下のとおりになる。

ア列

　ア列長音は「ア列音＋ア」の形であらわれる。

表1　『漢訳日語本典』の長音表記

	表記形	和語	字音語
ア列	ア列＋ア	10	
イ列	イ列＋イ	24	
ウ列	イ列＋フ	33	
	ウ列＋ウ		2
	ウ列＋ー		104
	ウ列＋フ	3	
拗長音	イ列＋ユー		198
	イ列＋ウ	1	
	イ列＋ユウ		1
エ列	エ列＋ー		1
	エ列＋イ	4	516
オ列	オ列＋ー	4	918
	ア列＋ウ	10	3
	ア列＋フ	16	
	ア列＋フ	3	
拗長音	イ列＋ヨー	3	470
	イ列＋ヨウ		2
	エ列＋ウ	6	

　　<u>アア</u>悲（カナ）シイカナ。（「第三編　品詞詳説　感嘆詞」373p）

イ列
　イ列長音は「イ列音＋イ」の形であらわれる。

　　寧ロ、紛々然トシテヲル方（ホー）ガ宜（ヨロ）<u>シイ</u>。（「第三編　品詞詳説形容詞」157p）

このように、すべての例が形容詞の終止連体形となっている。

ウ列

　ウ列長音は「イ列音＋フ」と「ウ列音＋フ」の例が表れる。「イ列音＋フ」は、

　　　今日（コンニチ）学（マナ）バズトモ、来日（ライジツ）有（ア）リト言<u>（イ）フ</u>勿（ナカ）レ。（「第二編　文章概説」40p）

このように、動詞「言ふ」の終止連体形であらわれる。これは歴史的かなづかいと合致する。
　「ウ列音＋ウ」は、「夕（ユフ）」であらわれる。歴史的かなづかいと合致する。

　　　春（ハル）サレバ、山（ヤマ）モト霞（カス）ム、水無瀬川（ミナセカハ）。夕<u>（ユフ）</u>ベハ秋ト何（ナニ）思（オモ）ヒケム（「第三編　品詞詳説　助動詞」263p）

　ウ列拗長音は「イ列音＋ウ」の形であらわれる。形容詞の連用形ウ音便がこれにあたる。

　　　風ガ涼<u>（シク／シウ）</u>吹ク。（「第三編　品詞詳説　形容詞」128p）

エ列

　エ列長音は「エ列音＋イ」の形であらわれる。

　　　ハイ<u>ヘイ</u>ハ、近世（キンセイ）ノ口語（コーゴ）ニ於（オイ）テ最（モットモ）、普通（フツウ）ニ用（モチ）フル諾辞（ダクジ）ナリ。（「第三編　品詞詳説　感嘆詞」383p）

オ列

　オ列長音は「ア列音＋ウ」「ア列音＋フ」「オ列音＋フ」「オ列音＋ホ」「オ列音＋ー」など、さまざまな形であらわれる。

　「ア列音＋ウ」は

　　　推（オ）シテ御（オ）尋（タヅ）ネ申（マウ）シマスガ（「第三編　品詞詳説　助詞」326p）
　　　特別（トクベツ）ニ恩顧（オンコ）ヲ蒙（カウム）ル。（「第三編　品詞詳説　副詞」359p）
　　　日本（ニホン）ノ東京（トーキョー）ノ麹町（コージ／カウジマチ）ノ二丁目（ニチヨーメ）（「第三編　品詞詳説　助詞」287p）

　このように、「申（マウ）ス」「蒙（カウム）ル」「麹（カウジ）」の例がある。いずれも歴史的かなづかいと合致する。「麹町」には「コージ」と「カウジ」の二通りのルビが併記されている。

　「ア列音＋フ」は、「向（ムカ）フ」、「候（サフラフ）」の例である。歴史的かなづかいと合致する。

　　　向（ムカフ）見（ミ）ズノ猪（井ノシシ）武者（ムシャ）。（「第三編　品詞詳説　助動詞」220p）
　　　メデタク存（ゾン）ジ候（サフラフ）。（「第三編　品詞詳説　助動詞」199p）

　「オ列音＋フ」は「昨日（キノフ）」という形で表れる。歴史的かなづかいと合致する。

　　　昨日（キノフ）カ花ノ散（チ）ルヲ惜（ヲシ）ミシ。（「第三編　品詞詳説　助詞」325p）

「オ列音＋ホ」は「大（オホ）イ」「多（オホ）イ」「遠（トホ）イ」「通（トホ）リ」の形であらわれる。歴史的かなづかいと合致する。

　　且（カツ）ナムハ多（オホ）ク文章（ブンショー）ニ用（モチ）ヒテ、（「第三編　品詞詳説　助詞」321p）
　　更（サラ）ニ、大（オホイ）ナル発達（ハッタツ）ヲ促（ウナガ）ス（「第三編　品詞詳説　助動詞」216p）
　　日（ヒ）暮（ク）レテ道（ミチ）遠（トホ）シ。（「第三編　品詞詳説　助詞」347p）
　　山ノ通（トホ）リナ鋼鉄艦（「第三編　品詞詳説　助動詞」280p）

「オ列音＋ー」は、「大（オー）イ」「申（モー）ス」「麹（コージ）」という形であらわれる。これは歴史的かなづかいとは合致せず、長音符を使った長音表記であるが、全体から見た数は少なく、例外的な表記であるといえる。

　　重盛（シゲモリ）ガ申（モー）シ状（ジョー）ヲ、具（ツブサ）ニ、聞（キコ）シ（メ）サレヨ。（「第三編　品詞詳説　副詞」367p）

「大」「申」には表記のゆれがあり、歴史的かなづかいに合致する「申（マウ）ス」（3例）「大（オホ）イニ」（1例）、長音符による長音表記は、「モース」（2例）、「大（オー）」（1例）である。
　また、「申」「候」にかんしては、長音符による長音表記と、歴史的かなづかいとが併記される例がある。

　　御（オン）伺（ウカガ）ヒ申シ度（タク）候（ソーロー／サフラフ）。
　　御（オン）伺（ウカガ）ヒ申（モー／マウ）シタウゴザイマス。

(「第三編　品詞詳説　助動詞」278p)

　オ列拗長音は、助動詞「(デ) セウ」、「(デ) シヨー」、「ウ」で、「イ列音＋ヨー」、「エ列音＋ウ」の形であらわれる。両形が併記されている例も四例ある。

　　　私ハ、アナタト一緒 (イッショ) ニ、アノ人 (ヒト) ヲ尋 (タヅ) ネマ<u>セウ</u>（<u>シヨー</u>）。(「第三編　品詞詳説　代名詞」50p)
　　　ドリャ、一番 (イチバン) 手並 (テナミ) ヲ見 (ミ) セテ呉 (ク) <u>レウ</u>（<u>リヨー</u>）。(「第三編　品詞詳説　感嘆詞」375p)

　以上のように、和語の長音は、原則として歴史的かなづかいにそって表記されていることがわかる。長音符を使った長音表記はオ列音に7例あるが、そのうち5例が歴史的かなづかいとの併記である例である。歴史的かなづかいと表音的表記法の二通りの表記を示すという留学生への配慮がみられる。

4.2.　字音語の長音表記

　字音語の長音表記は、ア列とイ列には用例がみられない。
　エ列長音は、ほとんどが「エ列音＋イ」の例である。

　　　右 (ミギ) ノ例 (<u>レイ</u>) ノノガツハ上 (カミ) の名詞 (<u>メイシ</u>) ニ因 (ヨ) ツテ、下 (シモ) ニ在 (ア) ル名詞 (<u>メイシ</u>) ノ意義 (イギ) ヲ定限 (<u>テイ</u>ゲン) 用 (ヨー) ヲ為 (ナ) ス者 (モノ) ナリ。(「第三編　品詞詳説　助詞」287p)

　「エ列音＋ー」の例が1例確認された。

朝廷（チヨー<u>テ</u>ー）、賢能ノ士ヲ用フ（「第三編　品詞詳説　動詞」73p）

ウ列・オ列長音も同様に、長音表記に長音符を使用する。ウ列長音表記はほとんどのものが「ウ列音＋ー」となる。

或（アルヒ）ハ、汎（ヒロ）ク、数感情（ス<u>ー</u>カンジヨー）ニ通（<u>ツー</u>）ジテ用（モチ）フル者（モノ）アリ。（「第三編　品詞詳説　感嘆詞」372p）

例外的に、「普通（フ<u>ツウ</u>）」「数（<u>スウ</u>）」と、「ウ列音＋ウ」となる例がある。

最（モツトモ）普通（フ<u>ツウ</u>）ナル者（モノ）、大略（タイリヤク）左（サ）ノ如（ゴト）シ。（「第三編　品詞詳説　動詞」85p）
度（ド）、量（リヨー）、衡（コー）、貨幣（カヘイ）等（トー）ハ、多（オホ）ク漢字音（カンジオン）数詞（<u>スウ</u>シ）ヲ用（モチ）フ。（「第三編　品詞詳説　名詞」48p）

ただし、「普通（フツー）」が17例、「数（スー）」8例となっており、同一語内で、長音符による長音表記が優勢となっている。
　ウ列拗長音は「イ列音＋ユー」となる。

十室（<u>ジユー</u>シツ）ノ邑（ユー）ニ必（カナラズ）忠信（チ<u>ユー</u>シン）、丘（<u>キユー</u>）ガ如（ゴト）キ者（モノ）、有（ア）ラン。（「第三編　品詞詳説　助動詞」224p）

「イ列音＋ユウ」となる例が1例ある。

一個年半（イツカネンハン）、日本（ニホン）ニ留学（リユウガク）
　　セリ。（「第三編品詞詳説　助詞」298p）

　ただし、「留（リユー）」となるものは7例あり、長音符を使用した長
音表記が優勢である。
　オ列長音は「オ列音＋ー」となる。

　　　名詞（メイシ）ト同様（ドーヨー）ノ効用（コーヨー）ヲ為（ナ）
　　スコトアリ。（「第三編　品詞詳説　助詞」100p）

　ただし、助動詞「様（ヨウ）ダ」に、「ア列音＋ウ」となるものが3例
ある。

　　　遠イ処（トコロ）ノ帆（ホ）ハ坐（スワ）ツテ居（井）ルヤウデ、
　　近（チカ）イ処（トコロ）ノ帆ハ歩（アル）クヤウダ。（「第三編
　　品詞詳説　助動詞」280p）

　これは字音かなづかいと合致するが、「様（ヨー）ダ」となるものは8
例あり、長音符を使用した表記が優勢となっている。
　オ列拗長音は「イ列音＋ヨー」となる。

　　　長子（チヨーシ）父（チチ）ニ次子（ジシ）ノ近況（キンキヨー）
　　ヲ問（ト）ハシメル。（「第三編　品詞詳説　助動詞」199p）

　「イ列音＋ヨウ」となるものに、「推量（スイリヨウ）」、「望遠鏡（ボー
エンキヨウ）」の2例がある。

　　　夫（ソレ）ハ望遠鏡（ボーエンキヨウ）ナリ。（「第三編　代名詞」

108　　第Ⅱ部　近代点字関連資料のかなづかい

57p)
　未定（ミテイ）、願望（ガンボー）、推量（スイリヨウ）等（トー）
　ノ条件（ジョーケン）ニ照応（ショーオー）スル者ナリ。（「第三編
　品詞詳説　助詞」113p）

「鏡」は他に用例がない。「量（リヨー）」となるものが 14 例あり、長音符での表記が優勢となっている。

　以上のように、ウ列長音とオ列長音は長音表記に長音符を使用しており、字音かなづかいと合致しない。わずかにゆれのみられるものも、「様（ヤウ）ダ」3 例を除くと、字音かなづかいと一致しない表音的表記法になっている。これらを例外的な表記の不統一と考えると、本資料で長音表記は、長音符を使用した表音的な表記法で統一をはかっているようにみえる。

5．まとめ

　以上のように、『言文対照　漢訳日本文典』は棒引きかなづかいとの共通性を持つ表記法で書かれている。

　棒引きかなづかい・松本かなづかいとが共通する特徴として、和語と字音語を区別し、和語は歴史的かなづかい、字音語は表音的かなづかい、というようにかなづかいに 2 つの基準が同時に存在することである。また、よつがなの区別をするところや、ア・ウ・オ列長音表記に長音符を使いながら、字音語エ列長音が「エ列音＋イ」となっているという特徴がある。まとめると以下のようになる。

　　1．和語と字音語と外来語の表記に違いがある。
　　2．和語は歴史的かなづかいに準ずる

3. 字音語は原則として長音符を使用した表音的な表記法である。具体的なかなづかいは以下のとおりである。

ウ列	ウ列＋ー
拗長音	イ列＋ゅー
エ列	エ列＋い
オ列	オ列＋ー
拗長音	イ列＋よー

　この表記法は、1900（明治33）年から8年間、初等教育で使用された明治33年式棒引きかなづかいの特徴とほぼ一致する。和語の歴史的かなづかいについては、用言は音便や活用など文法の知識があれば「正しい」表記を推察することが可能であり、習得の難しさは、漢字一字ごとにかなづかいを丸暗記しなければいけない字音かなづかいほどではない。そして、文語文を学ぶときには、歴史的かなづかいは活用の理解の助けとなる。

　しかし、字音かなづかいは、ルビを付さない漢字かなまじり文においては、漢字にかくれて、ルビなどをのぞくと表出することはすくない。正書法としての「正しい」かなづかいが求められるのは和語が中心であり、字音語については、表記法よりはその字をどう発音するかが問題となる。

　本資料のかなづかいは、語の系統によって表記の方針がかわるという複雑そうにみえるものではあるが、漢字知識をもち、ある程度和語と字音語の区別をすることができるだろう清国留学生にとっては、和語にかんしては文語文の習得の助けになる歴史的かなづかいをたもち、字音語ではよみをしめす表音的表記法にきりかえるという面で一定の合理性があったことはかんがえられる。

　また、字音かなづかいがいっさいあらわれないわけではなく、ごく一部ではあるが、表音的なかなづかいと字音かなづかいを併記するという形をしめすことにより、学習者へ字音かなづかいの紹介をしている。ここから、本資料のかなづかいは、表音的なかなづかいのこころみをおこなっている

とはいえ、学習者が歴史的かなづかいでかかれた漢字かなまじり文を修得するための配慮をもったかなづかいであるとかんがえられる。

このように、近代日本語教育は一部の教材類で学校国語教育よりもさきだって表音的かなづかいを採用していた。そのうち清国留学生にたいしての日本語教育教材は、同様に表音的なかなづかいを採用していた点字資料とおなじく、明治33年式棒引きかなづかいと共通点をもつかなづかいででかかれていたことが指摘できる[3]。

【参考文献】
さねとうけいしゅう（1981）『中国留学生史談』（第一書房）
高橋龍雄（1907）「過去四十年間における国語学界の概観」『国学院雑誌』13-2
中野真樹（2007）「明治期日本語教科書『日語新編』の仮名づかいについて」国学院大学大学院紀要　文学研究科（39）
中野真樹（2010）松本亀次郎著『漢訳日本語会話教科書』の仮名遣い──長音表記を中心として」国学院雑誌 111（1）
長谷川恒雄（1993）「戦前日本国内の日本語教育」『講座日本語と日本語教育 15 日本語教育の歴史』（明治書院）
増田光司（2001）「『言文対照漢訳日本文典』解題　その特徴および文法を中心として」『東京医科歯科大学教養部研究紀要』31

---

[3] 本資料以外にも、同じく松本亀次郎による日本語会話教科書『漢訳日本語会話教科書』や清国留学生の手による日本語教科書『日語新編』についてもかなづかいの調査をおこなった結果、同様に明治33年式棒引きかなづかいと共通するかなづかいでかかれていたことを、中野（2010）、中野（2007）であきらかにしている。

|第 8 章|

点字かなづかいと「棒引きかなづかい」

1. 全体のまとめ

　これまで、第 3 期国定国語教科書の点字版『点字　尋常小学国語読本』、点字の普及に貢献したとかんがえられている『点字大阪毎日』の 1 号から 25 号までのかなづかいを調査した。そして、関連資料として墨字でかかれた第 1 期国定国語教科書『尋常小学読本』にみられる「明治 33 年式棒引きかなづかい」、かなもじ論者であり日本語点字考案者である石川倉次の著書『はなしことば　の　きそく』のかなづかい、清国留学生を対象とした日本語教材のかなづかいについて、調査をおこなった。

　これらの資料のかなづかいの共通点は、近代に刊行された歴史的かなづかいではなく表音的なかなづかいでかかれた資料のうち、長音表記に長音符「ー」をもちいるいわゆる「棒引きかなづかい」でかかれているということである。もちろん、ここであげた資料で棒引きかなづかい資料を網羅できたわけではなく、国語学者やかなもじ論者ののこした著書や辞書の索引等、棒引きかなづかいがもちいられている資料はこのほかにもある。そして近代点字かなづかいの調査は、点字表記史区分第 3 期の初期にあたる資料を分析したのみであり、さらなる調査が必要である。また、近代日本語教科書・教材類のかなづかいも、今回とりあげた資料よりも表音的なものから、歴史的かなづかいでかかれているものまでさまざまである。ま

た、歴史的かなづかいではない表音的な工夫をしたかなづかいは、棒引きかなづかいにかぎらない。たとえば、井口 (2009) は、明治・大正期の新聞のかなづかいについての研究をおこなっており、いくつかの新聞において独自の表音的なかなづかいがもちいられていたことをあきらかにしている。ほかには外地での「国語」教科書のかなづかいも、そのおおくが表音的なかなづかいでかかれている[1]が、それは棒引きかなづかいとはかぎらない。たとえば 1901（明治 34）年から刊行がはじまった『台湾教科用書国民読本』は、「ももたろお」のように、長音符のかわりにかなをそえる長音表記でかかれている[2]。

1　山口 (1919: 457-8) に「現在台湾の公教育では初学年から歴史的仮名遣を使用してゐるが、朝鮮では普通学校の四学年までは大体発音通りの仮名遣いを採り、五学年から普通の歴史的仮名遣に移ることにして、而も「ハ、ヲ、ヘ」の三助詞だけは特に最初から歴史的にすることに規定している。満州では徹底的に最初四個年は発音仮名遣により、公学校の高等科になつて歴史的仮名遣に移ることにしてゐるが（略）」とある。また、このように植民地での日本語教育の初級において表音的なかなづかいがもちいられた理由として、「国字表音の原則を社会的に変改しようといふよりは、教授方便上の考察に基づいたもので、国語学習の初頭に於て歴史的仮名遣を用ゐると、其のために文字の音価を間違へさす恐れがある。」と説明している。また、このように「外地」での日本語教育に表音的なかなづかいがもちいられたことにたいして、安田 (2003) では以下のように分析している。

　　「内地」の議論において表音表記による簡易化の主張が不利だったのは、音声レベルでの統一した「日本語」が確定できず、現時点での音声を直接には反映しない歴史的仮名づかいの方が統一性をたもつには有利だったためといえるだろう。それとは反対に、なにもないところに「国語」をおしえこむには、音声としても表記としても明確な基準がなければならず、それだけ「外地」からの「標準語」設定の要請は切なるものであった。

　　植民地の「国語」教育との関連のなかにも「国語国字問題」がおかれていたことは確認できるだろう。(安田 2003: 190)

2　『台湾教科用書国民読本』のかなづかいと「現代仮名遣い」とのちがいにつ

表1　助詞・よつがなの表記の比較

	現代仮名遣い	第1期国定国語教科書	漢訳日本文典	はなしことばのきそく	現代点字かなづかい	点字尋常小学読本	点字大阪毎日
助詞	「は」「へ」「を」	「は」「へ」「を」	「は」「へ」「を」	「わ」「え」「を」	「わ」「え」「を」	「わ」「え」「を」	「わ」「え」「を」
よつがな	連濁・「同音の連呼」で「ぢ」・「づ」	歴史的かなづかいとおなじ	歴史的かなづかいとおなじ	連濁のみ「ぢ」「づ」	連濁・「同音の連呼」で「ぢ」・「づ」	歴史的かなづかいとおなじ	歴史的かなづかいとおなじ

　このように、本研究では棒引きかなづかいの教科書類を中心に調査したが、それは限定された範囲でしかないことはいなめない。しかしながら、その「棒引きかなづかい」とされるもののなかでも実際の資料を精査すると、さまざまな差異があることがわかる。以下に、とりあげた資料のかなづかいを比較した表をあげる。『言文対照　漢訳日本文典』を代表例としてあげた。また、参考のために「現代仮名遣い」と現行の日本語点字かなづかいも表にいれた。複数の表記形があらわれるばあいは、特殊なもの、例外的なもの、許容とされるものをカッコ内にいれてしめした。また、同一の語で表記のことなりがあらわれ、そのうち用例数の非常にすくなかったものは、誤植による表記の不統一と判断し、表には反映しなかった。

　表1は、助詞とよつがなの表記についての比較である。ここでわかるのは、墨字教科書類は一貫して「は」「へ」「を」となっており、点字教科書類は「わ」「え」「を」となっている点である。墨字資料のなかでは石川倉次著『はなしことば　の　きそく』が「わ」「え」「を」と点字資料と同

いては、蔡（2003: 900）で以下のようにまとめられている。「①助詞「を・は・へ」を「お・わ・え」で表記する。②お列長音「う」を「お」で表記する。例えば、おと<u>お</u>と（弟）。③お列拗音の長音「う」を「お」で表記する。例えば、「ぎょ<u>お</u>ぎ（行儀）」。二語の連合により生じた「ぢ」と「づ」は「じ」と「ず」で表記する。」

一の表記となっており、以前から指摘されている、点字かなづかいへのかなもじ論者である石川倉次の影響がうかがえる[3]。

よつがなにかんしては、近代の教科書類は基本的に、歴史的かなづかいを踏襲し、「じ／ぢ」「ず／づ」を併用する。表音的なかなづかいでかかれる字音語であっても、よつがなのみは字音かなづかいにしたがって「ぢ」「づ」がつかわれていることが特徴であり、これは墨字・点字ともに同様の結果となった。このなかで唯一、『はなしことば　の　きそく』は、連濁の表記に「ぢ」「づ」をのこすのみで、そのほかの語については「じ」「ず」に整理していた。

表2は、和語の長音表記の比較である。明治33年式棒引きかなづかいおよび、それとよくにた近代日本語教科書・教材類では和語は歴史的かなづかいでかかれている。『はなしことば　の　きそく』および近代日本語点字資料は和語にも棒引きかなづかいをもちいるが、すべての長音表記に長音符をもちいるわけではなく、活用語の活用語尾には長音符をもちいないという傾向がみられた。活用語の活用語尾にまで長音符をもちいるのは、本研究でとりあげた資料のなかでは点字表記史区分の第3期にあたる点字表記法書『点字規則』のみである[4]。

また、今回調査した『点字　尋常小学読本』と『点字大阪毎日』第1号から第25号までは、ともに点字表記史区分第3期にあたる資料であるが、和語のオ列長音の方針に差異がみられる[5]ものの、現行の点字かなづかいよりは共通点がおおい。現行の点字のかなづかいでは、長音表記に長音符があらわれるのはウ列とオ列にかぎられる。和語にかんしていえば、

---

[3]　ただし、第5章で確認したように、『はなしことば　の　きそく』では資料中にア行の「お」のかながつかわれず、「を」に整理されているため、「お」と「を」を併用する日本語点字のかなづかいとはまったく同一とはいえない。
[4]　第2章表1参照。
[5]　第4章3.を参照。

表2　和語長音表記の比較

	現代仮名遣い	第1期国定国語教科書	漢訳日本文典	はなしことばのきそく	現代点字かなづかい	点字尋常小学読本	点字大阪毎日
ア列	ア列＋あ	原則として「歴史的かなづかい」とおなじ *1	原則として「歴史的かなづかい」とおなじ *2	ア列＋―	ア列＋あ	ア列＋―	ア列＋―
イ列	イ列＋い			イ列＋― (イ列＋い) (イ列＋ゝ)	イ列＋い	イ列＋― (イ列＋い)	イ列＋― (イ列＋い)
ウ列	ウ列＋う			ウ列＋― (ウ列＋う)	ウ列＋―	ウ列＋― (ウ列＋う)	ウ列＋― (ウ列＋う)
エ列	エ列＋い (エ列＋え)			エ列＋―	エ列＋い (エ列＋え)	エ列＋―	エ列＋―
オ列	オ列＋う (オ列＋お)			オ列＋― (オ列＋う) (オ列＋ゝ)	オ列＋― (オ列＋お)	オ列＋― (オ列＋う)	オ列＋― (オ列＋う) (オ列＋お)

*1　感動詞「あー」「まー」「おかーさん」など、和語のうち一部の語の長音表記に長音符がつかわれることがある。
*2　*1と同様に、一部の語の長音表記に長音符がつかわれる。

表3　字音語長音表記の比較

	現代仮名遣い	第1期国定国語教科書	漢訳日本文典	はなしことばのきそく	現代点字かなづかい	点字尋常小学読本	点字大阪毎日
ウ列	ウ列＋う	ウ列＋―	ウ列＋―	ウ列＋―	ウ列＋―	ウ列＋―	ウ列＋―
拗長音	イ列＋ゅう	イ列＋ゅー	イ列＋ゅー	イ列＋ゅー	拗音符＋ウ列＋―	拗音符＋ウ列＋―	拗音符＋ウ列＋―
エ列	エ列＋い	エ列＋い	エ列＋い	エ列＋―	エ列＋い	エ列＋い	エ列＋い
オ列	オ列＋う	オ列＋―	オ列＋―	オ列＋―	オ列＋―	オ列＋―	オ列＋―
拗長音	イ列＋ょう	イ列＋ょー	イ列＋ょう	イ列＋ょー	拗音符＋オ列＋―	拗音符＋オ列＋―	拗音符＋オ列＋―

現代点字かなづかいは近代点字資料のかなづかいよりは、墨字の「現代仮名遣い」とにているといえる。
　表3は字音語長音表記を比較したものである。各資料ともに、ウ列・オ列にかんしては長音符をもちいているが、エ列は、『はなしことば　のきそく』をのぞいては「エ列＋い」となっており、ほぼ共通するかなづかいであるといえるだろう。エ列字音語の長音表記が「エ列＋い」となるのは、明治33年式棒引きかなづかいの特徴である[6]ことから、これらの棒引きかなづかいについても、「エ列＋い」となるものは、明治33年式棒引きかなづかいとの関連がうかがえるといえるだろう。
　このように、ひとことで歴史的かなづかいにたいして、「表音的なかなづかい」とひとくくりにしてしまうことはできず、かなづかい改定論・運動はさまざまな試行をつづけながら実践されていたことがわかる。とはいうものの、「棒引きかなづかい」とよばれる長音表記に長音符をもちいるかなづかいでかかれた資料には、共通する特徴的な表記があるともいえる。とくに、明治33年式棒引きかなづかいは、近代日本語教育教材資料および近代点字資料に影響をあたえたことが、実際の資料の調査からもあきらかとなった。ここから、いままでは墨字とは別個のものとしてかんがえられてきた点字のかなづかいにかんしても、今回調査した資料にあらわれる近代日本語点字のかなづかいは、日本語表記史の観点からは、明治33年式棒引きかなづかいとちかい棒引きかなづかいであると位置づけることができる[7]。

---

[6] 1905（明治38）年文部省発表の「国語仮名づかい改訂案並字音仮名遣ニ関スル事項」で、小学校令施行規則第二号表にエ列長音の表エ列＋ーの追加が提案されている。第一期国定読本はそれ以前に作成されたもので、字音語のエ列長音は長音符を使わずに陛下（ヘイカ）などのように、「エ列＋い」の形になる。

[7] 今回の調査で近代点字資料のかなづかいが、墨字でかかれたものとの共通点がおおいということがいえたとしても、それで日本語点字の文化や歴史の独

最後に、助詞の表記と長音表記についてさらに考察して、まとめとする。

2. 助詞の「わ／は」「え／へ」「を」について

　各資料の助詞「わ／は」「え／へ」「を」を比較すると、墨字国語教科書と墨字近代日本語教科書・教材類は、一貫して「は」「へ」「を」をもちいている。墨字文献のなかでは、『はなしことば　の　きそく』のみが「わ」「え」「を」となっている。それにたいして、日本語点字は点字表記区分の第3期から現代にいたるまで一貫して「わ」「え」「を」となっている。長音表記は点字表記史区分の第4期に、「現代かなづかい」・「現代仮名遣い」との共通点がふえていくのにたいして、助詞についてはひきつづき「わ」「え」「を」をもちいている理由として、2点が指摘されている。ひとつは石川倉次ら点字考案者・関係者のかなづかい方針を反映した日本語点字表記の歴史および文化の独自性の保持があげられる。そしてもう1点は、音声よみあげのさいの利便性からの説明がある。点字文書を電子化したデータをパソコンやアプリなどの音声よみあげソフトで利用するとき、「現代仮名遣い」では「は」は [ha] と [wa]、「へ」は [e] [he] のそれぞれ2とおりのよみの可能性があり、機械処理による自動よみあげのさいに、誤読が生じることがある。そのため1字1音に整理する必要があり、点字かなづかいでは「現代仮名遣い」では「は」「へ」となる助詞の表記は「わ」「え」とすることとしている。また、「を」にかんしては、「お」も助詞の「を」も共通語では [o] であるため、点字かなづかいでも「お」と「を」を併用しているという説明がされる。

　　自性がゆらぐことはなく、日本語点字は日本語墨字と並行してつかわれる独
　　立した歴史をもつ日本語文字表記システムである。

「現代仮名遣い」の助詞「は」「へ」「を」の表記については、しばしば「そのほうがよみやすい」などという合理性の面から説明がなされる場合があるが、これにかんしては矢田（2012: 102-108）が国語教科書資料を分析したうえでの考察がおこなっている。助詞「を」については、「「お」＝文頭・句読点語、平仮名間、「を」＝句読点前、漢字間、漢字平仮名間、平仮名漢字間、という相補的分布に近い傾向を示している」ことから、「(引用注：「お」と「を」の) 両字体の併用による機能負担は実際には少ないことが窺われる」とする。助詞「は」については「助詞 wa を「わ」によって表記した場合、助詞表記の「わ」と非助詞表記の「わ」が漢字平仮名間・平仮名間の二つの環境で大きく衝突することになる。その結果予想される読解者の労力の増加は恐らく「は」の読み分けを超えるであろう」ことから、「(引用注：助詞「は」の表記は) 一定の有効性があると考えられる」とする一方、助詞「へ」にかんしては「「は」に比べて極端に出現頻度が少なく、結果としてどのような表記法が採られても実際には負担の違いは大きくないと考えられる」とする。これらをふまえて、以下のようにまとめられている。

> 　このように見てくると、現代において多く有効であると見なされている書記要素が、実際に果たしている機能負担は、個別に見れば決して大きくない場合のあることが明らかとなってくる。それでも「有効」と意識される背景には、僅かに存する有効な場面がクローズアップされて観察されがちであるということ、殊に、文字の持つ保守性故の先入観が機能を増幅させて意識に上らせるということや、「は」と「を」「へ」との関係のように、機能負担の比較的大きな要素との類似性などが考えられる。(矢田 2012: 107-108)

　これらの考察は、漢字かなまじり文におけるものであり、かな専用文をもちいる日本語点字のばあいは別途調査が必要になるであろうが、文節わ

かちがきをもちいており、節のあたまや節のなかほどに助詞がくることはなく、ほとんどは節の後部に集中するであろうことから、助詞と非助詞との識別が必要な場合はある程度限定されているといえるだろう。

「日本語では、助詞が「は」「へ」「を」という表記になっており、これが文章のよみやすさにつながる」などという説明が文字マジョリティである墨字「現代仮名遣い」使用者によってされることもあるが[8]、表記の機能面の合理性というよりは歴史的な経緯によりそうなっているという説明が妥当であり、実際に日本語点字では、助詞の表記は「わ」「え」「を」がもちいられていることへの想像力と配慮が必要であろう。助詞の表記が「は」「へ」「を」となるのは、日本語使用者のなかでもあくまでも墨字・「現代仮名遣い」使用者の規範・文化にすぎないし、それがたとえば日本語点字の助詞表記などとくらべてとくにすぐれているというわけでもない。

3. 長音表記について
―― 「棒引きかなづかい」は「消失」したのか？ ――

表1～表3で確認したように、点字かなづかいをふくめ、「現代かなづかい」以前に実践された表音的なかなづかいの様相はさまざまであるが、長音表記にかんしては、ひとつの資料のなかでも列ごとに長音表記の方針がことなる場合がある。本研究で調査した「棒引きかなづかい」のなかでは、エ列字音語長音表記は「エ列＋い」という形になるものがおおいが、

---

[8] 白石（2008: 43）は「助詞のワを「は」と表記するのは、日本人のあいだでは完璧に定着した慣習である。これを発音どおりに「わ」と書くことは、大半の日本人が受け付けない。」とする。そしてこれは混乱をさけるために有用と説明する。

『はなしことば の きそく』と近代点字かなづかいのうち第3期から第4期のはじめにかけて刊行された点字表記法書の記述には、字音語であっても長音符をもちいた「エ列＋ー」のかたちの長音表記があらわれる。また、ウ列とオ列の長音表記にかんしてはすべての資料のなかで、活用語の活用語尾が長音となるとき、長音符がもちいられない傾向にあった。活用語尾に長音符があらわれるのは、点字表記史区分の第3期に刊行された表記法書のみであった。

今回調査した各資料を比較すると、明治33年式棒引きかなづかいをもちいてかかれた第1期国定教科書と、清国留学生を対象とした日本語教科書・教材類のかなづかいは、和語に歴史的かなづかい、字音語に棒引きかなづかいをもちいる点や、字音語エ列長音を「エ列＋い」と表記する点で、非常に共通点がおおい。明治33年式棒引きかなづかいは学校教育においては8年間使用されたのみであるといえるかもしれないが、ほぼ同様のかなづかいによる近代日本語教科書・教材類は、昭和期まで版をかさねてつかわれつづけていた。

また、近代日本語点字のかなづかいも棒引きかなづかいがもちいられており、とくに近代点字国語教科書のかなづかいは、字音語エ列長音表記が「エ列＋い」となる点やよつがなの表記において、点字考案者の石川倉次による『はなしことば の きそく』よりは明治33年式棒引きかなづかいとの共通点がおおくなっている。このように、明治33年式棒引きかなづかいは、近代日本語教育および近代点字国語教育のかなづかいに影響をあたえており、これらは明治33年式棒引きかなづかいが廃止されたのちもつかわれつづけた。とくに日本語点字にかんしては現在もウ列とオ列に長音符による長音表記があらわれ棒引きかなづかいがうけつがれているといえる。

また、墨字についても、かな専用文によって日本語をかきあらわすさいに長音の表記に長音符をもちいる棒引きかなづかいがあらわれることがある。たとえば、ましこ（1997）は漢字をもちいず文節わかちがきのひらが

な・かたかなまじり文で「現代仮名遣い」より表音的なかなづかいでかいている。一部を引用すると、以下のとおりである。

> 「これまでの　レキシ・キョーカショの　キジュツわ　イデオロギー・テキな　くみたてに　なっている」。　こーいった　シュチョーお　テンカイする　ことで、さかんに　ワダイづくりに　うごいて　いる　シューダンが　ある。　そこで　キョーユーされて　いる　レキシ・カンの　ひとつお、みずから　「ジユー・シュギシカン」と　よびならわしているよーだ（略）」（ましこ 1997: 278）

かどや (2012) も、かな専用文の例として、表音的なかなづかいによる文を挿入している。以下に引用する。

> たとえば、ささいなことだが、漢字かなまじり文でかかれているものの、漢字使用をへらしている本稿程度のものですら、「よみにくい」とかんじている読者（あなた）がいるとすれば、「自分を守ってきた鎧」にしがみつき、かたくなに変化をこばんでいる可能性がたかい。あるいわ、かりに　このぶんしょーが　かんぜんな「ひょーおん　かな　わかちがき」で　かかれていたら、どーだろーか。　にほんごが　だいいちげんごで、かつ　ひらがなおしっているひとで　あるならば、こーゆー　ひょーきの　にほんごお　よめない・りかいできない　はずわない。　あるのわ、よむこと・りかいすることお　こばむとゆー　たいどだけである（よみにくさわ　ほんの　すこしの　じっせんによって　なれることで、たやすく　かいしょーできる）。そうしたマジョリティの権力への執着が言語差別や非識字者差別をうみだしている。（かどや 2012: 150）

ここでは、「かんぜんな「ひょーおん　かな　わかちがき」」として、長音表記に長音符をもちいる棒引きかなづかいがあらわれる。
　このような和語や字音語の長音表記に長音符「ー」をもちいるかなづかいの総称を「棒引きかなづかい」とすると、棒引きかなづかいは現在でも消失してはおらず、日本語点字文や現代のかな専用文でつかいつづけられているといえる。また、「現代仮名遣」より「発音的」なかなづかいでかく必要があるとき、この棒引きかなづかいがもちいられる。たとえば、形態素解析用辞書Unidic[9]でこれがみられる。漢字かなまじり文で「おかあさんとおとうさんは『明日は学校へ行こう』と言うけれど、行きたくないと私は思う。」という文をつくり、これをUnidicをもちいて形態素解析をおこなうと、その「発音形」として「オ　トー　サン　ト　オ　カー　サン　ワ　アス　ワ　ガッコー　エ　イコー　ト　ユー　ケレド　イキ　タク　ナイ　ト　ワタクシ　ワ　オモウ」と書きだされる。このとき、動詞「思う」の終止連体形にかんしては、大正期の『点字大阪毎日』では「オモー」のように棒引きの長音表記がみられたが、Unidicでは「オモウ」となっている。このほかにさきにあげたましこ（1997）やかどや（2014）といった棒引きかなづかいでかかれた文章のなかでも、動詞の活用語尾や漢語エ列長音のあつかいなどに、かきての方針などによりそれぞれ差がみられる場合もある。このように、現在でも一定の表音的「棒引きかなづかい」とよべるようなものはないが、さまざまな方針や利用の方便のために、「現代仮名遣い」よりも表音的なかなづかいを意図したかなづかいとして、棒引きかなづかいがもちいられている[10]。

9　国立国語研究所が開発した、日本語漢字かなまじり文に形態論情報を付与するための電子化辞書。ここでは、Unidic-mecab2.12（現代語用）を使用した。http://www.ninjal.ac.jp/corpus_center/unidic/

10　現在のかなもじ論者・かな専用論者はすべて棒引きかなづかいをもちいるわけではなく、たとえばザイダン　ホウジン　カナモジカイから刊行されている季刊誌『カナ　ノ　ヒカリ』957ゴウ（2012ネン　アキ〜ゴウ）をみた

4. 折衷的なかなづかいとしての明治33年式棒引きかなづかい

　これまで、「棒引きかなづかい」という観点から近代の墨字国語教育・墨字日本語教育・点字国語教育の教科書・教材類を資料として調査してきた。そのなかで、明治33年式棒引きかなづかいが今回調査した日本語教科書・教材類や点字国語教科書にも影響をあたえていることが、実際の資料にあらわれるかなづかいや表記法の記述から指摘できた。明治33年式棒引きかなづかいのおおきな特徴としては、長音に長音符をもちいる点のほかに、和語は歴史的かなづかいをもちい、字音語に表音的なかなづかいをもちいるという折衷的なかなづかいであるという点があげられる。この特徴は、近代墨字日本語教育教科書・教材類の一部や点字表記史区分でいうところの第1期にあたる近代点字資料にもあらわれる特徴である。日本語教科書・教材類についてはこのかなづかいは漢字かなまじり文・歴史的かなづかいを習得するまでの過渡的なかなづかいであるという位置づけであるのにたいして[11]、点字使用者はこれを正式のものとしており、のちには和語にまで棒引きかなづかいをつかうようになっていった。これは、墨字が一般には漢字かなまじり文でかかれるのにたいして、点字はかな専用文であることとの関連がかんがえられる。

　この折衷的なかなづかいは、ある語が和語であるか字音語であるかを判断して、それによりかなづかいの方針をかえなければいけないという複雑

　　　ところ、かな専用文によってかかれた論文がおおく掲載されているが、棒引きかなづかいはもちいられていない。ちなみに、『カナ　ノ　ヒカリ』は雑誌としてかなづかいを統一しているわけではなく、寄稿者によって多少の表記のゆれがみられる。
11　日本語教育にかんしては本章注1参照。また、国語教育においても、明治33年式棒引きかなづかいは、尋常小学校で使用する教科書にかぎって採用されていた。

さがあるものの、安田 (1997: 85-86) で指摘されるように字音語はルビをふるとき以外にはほとんど漢字でかかれるため、字音語の棒引きかなづかいは漢字にかくれる。そして和語については歴史的かなづかいに準ずるものであるから、漢字および漢字かなまじり文を習得したものにとっては明治33年式棒引きかなづかいから歴史的かなづかいへの移行はそれほど困難なものではないと考えられる[12]。

　一方、かな専用文をもちいる点字かなづかいについては、たとえば、同一の音であっても「洋」は「やう」、「幼」は「えう」、「葉」は「えふ」、というように漢字ごとにかなづかいを丸暗記しなければいけない煩雑な字音かなづかいは負担であっただろうし、このような折衷的なかなづかいをもちいるとすればある語が和語であるか字音語であるかをつねに判断しなければならないため、いちはやく表音的なかなづかいが採用されて固定されていったとかんがえられる。

　第1章で指摘したように、長音表記に長音符をもちいる「棒引きかなづかい」については現在でも一部でもちいられているが、明治33年式棒引きかなづかいのもう一方の特徴である和語は歴史的かなづかいでかき、字音語については表音的にかくという折衷的な性質については、日本語点字かなづかいの、古文をかきあらわすさいにうけつがれている[13]。さらに、現在も歴史的かなづかいをもちいる人々によって提唱される字音語表記法に、類似の主張があらわれる。たとえば、歴史的仮名遣いの入門書としてだされた萩野 (2007) では、

---

[12] 安田 (1997: 86) に「漢字を教える以上、「學校」と漢字で書くのみであって、それに振り仮名をつけることは余りない。字音以外は従来に従うのであるから、改正前であろうと後であろうと「學校へ行かう」とかければよいのである。「ガツカウ」か「ガッコー」かで混乱するのは漢字を廃止した時のみである。」とある。

[13] 第1章2.を参照。

> 契沖が例へば法華経を「ほくゑきやう」と突き止めたといつたことは（現在は字音「ほけきやう」とされますが）、これはもちろん無駄な努力などといふものではなく純粋な語学研究として評価すべきです。しかしやはりあくまで外国語音の研究であつて、言つてみればゲーテ、ゴエテ、ギョエテ、ギョォテのどれが原音に「近いか」といふ問題です。日本語固有の問題ではありません。たとひギョエテが最も原音に近いといふことが立証されたとしても、私たちがそれに従ふ必要がないごとく、「ほくゑきやう」に従ふ必要はないでせう。（荻野 2007: 136）

このようにのべたうえで、字音かなづかいについては「ルビを附けるとき気にするだけで結構です。」（荻野 : 137）としている[14]。

また、「現代かなづかい」を批判し、歴史的かなづかいをもちいて文筆活動をおこなっていた丸谷才一は、字音かなづかいは表音的なものを採用することを支持している。たとえば、字音かなづかいについて以下のようにのべている。

> 古人は懸命に努力して隋唐の音を写さうとしてゐるが、これはちようど、「ラジオ」ではなく「ラヂオ」と書けと言ふやうなもので（事実、昔はさう書いた）、無理な話だから、整理統合するほうがいいし、また、それで日本語の体系をゆがめることはない。シヨウ、

---

[14] ただし、萩野（2007）は歴史的かなづかいの入門書であり、やさしくかけることを主眼においていることからの配慮である点は注意する必要があり、ただちに字音語は表音的かなづかいでよいと主張していると判断するべきではない。また、「蝶（てふ）」や「様（やう）」「桔梗（ききやう）」「絵（ゑ）」「柑子（かうじ）」などといった「日本語か外来語かの区別の感覚さへほとんど失はれて、ほぼ完全に日本語化した少数の漢語」については字音かなづかいをまもる必要があるとする（萩野 2007: 137）。

> シヤウ、セフ、セウなどといふ区別は、漢字が移入された当座はともかく、その後の日本人には因襲の墨守にすぎないのである。まして現代人にとつては、どうでもいい、と言つては何だが、大和ことば（和語）の仮名づかひと同じやうに考へるのは間違ひだらう。すなはち、「昌」も「賞」も「妾」も「摂」も「小」も「昭」も、「升」や「勝」と同じくシヨウで差支へない。（丸谷 1983: 354-355）

同様に、「現代かなづかい」を批判した福田恆存も

> 「をちど」は度を越すの意ですから、「おちど（落度）」ではなく「越度」で、それなら「越」の音は古くから「ヱツ・ヱチ・ヲチ」になつてゐるので「をちど」が正しいといふことになります。ここに一つ断つておかねばならぬことがあります。私は歴史的かなづかひの主張を漢字音にまで及さぬといふ考へですし、これまでもその筋道において論旨を押し進めてきたのですから、「越度」のごとき漢語は発音どほり「おちど」と書くべきかとも思はれます。しかし、このやうにほとんど国語同様に熟してしまつた言葉は、やはり古式を守つたはうがいいといふ考へも成りたつでせう。（福田 1960: 110）

このように字音かなづかいについては、「ゑ（絵）」「はう（方）」「やう（様）」など、「ほとんど国語同様に熟してしまつた言葉」以外は「発音どおり」にかくこととしている（福田 1960: 60）。

字音語と和語のかなづかいを区別するという明治 33 年式棒引きかなづかいの折衷的な性格は、「現代かなづかい」がだされた後に、歴史的かなづかいの使用を推奨するひとびとの字音語のあつかいと共通する点がある。これらは、漢字表記された字音語にルビを付与しないという前提のうえになりたっているものとかんがえられるが、かな専用文である日本語点字の古文の表記においても、同様の方式がとられている。

たとえば古文や、歴史的かなづかいでかかれた文章にたいして、第1章でのべたような漢字によみ情報を付与して情報保障をはかるばあい、字音語のよみはどのようにかかれるのが適当なのであろうか。和語は歴史的かなづかいでかき、字音語に表音的なルビをつける明治33年式棒引きかなづかいや日本語点字の古文をかきあらわすかなづかいとよくにた折衷的なかなづかいがあらわれることになるのであろうか。それとも、字音よみをする漢字には字音かなづかいによるルビがつけられるべきなのであろうか。あらたに検討が必要となるだろう。

5. 点字かなづかいと墨字かなづかい

　これまで、点字の表記、とくにかなづかいについてみてきた。点字は、墨字漢字かなまじり・現代仮名遣い文とは別個の、独立した文字体系をもっており、独自の歴史と文化をもっている。とはいうものの、その表記はときどきの国語施策や墨字のかなづかいの影響も同時にうけていることが、これまでの調査であきらかになった。日本語点字が考案され、かなづかいははじめは歴史的かなづかいが採用されるが、次第に棒引きかなづかいへと移行していく。その過程で長音表記には明治33年式棒引きかなづかいの影響がみられたことは、第2章で説明した。また昭和前期には非常に表音性のつよかった点字かなづかいが、「現代仮名づかい」の成立をうけてその表音性をうしない、「現代仮名づかい」に接近したことは、第2章であきらかにした点字表記法書の比較からもわかる。一方、「現代仮名づかい・現代仮名遣い」に接近したとはいうものの、長音表記に長音符をもちいるという特徴は現在でも保持されている。また、助詞の表記ははやい段階から現在にいたるまで「わ」「え」「を」で固定されており、これに関しては一貫して独自性を保っている。このように、日本語点字の表記

については、日本語表記改定論史のなかに位置づけて考察する必要がある。そしてまた、日本語表記改定論史研究のなかに点字表記史の研究を当然考慮にいれる必要がある。また、点字かなづかいと比較される「現代仮名遣い」についても、墨字使用者は「あたりまえのもの」としてつかっているが、そこにもいくつか考察するべき点がある。全体のまとめにはいる前に、次章で「現代仮名遣い」についてのべる。

【参照文献】
井口佳重（2009）「明治・大正期における新聞の仮名遣い改革」『日本語の研究』5-2
荻野貞樹（2007）『旧かなづかひで書く日本語』（幻冬舎）
かどやひでのり（2012）「識字／情報のユニバーサルデザインという構想――識字・言語権・障害学――」『ことばと社会』14
かどやひでのり・あべ　やすし（2010）『識字の社会言語学』（生活書院）
蔡錦雀（2003）「国語教育即日本語教育ならず」『国立中央図書館台湾分館蔵　台湾教科用書　国民読本』（久留米大学）
白石良夫（2008）『かなづかい入門　歴史的仮名遣 vs 現代仮名遣』（平凡社）
角知行（2012）『識字神話をよみとく――「識字率99％」の国・日本というイデオロギー』（明石書店）
福田恆存（1960）『私の国語教室』（新潮社）
ましこ・ひでのり（1997）「リロンの　ジッセン・レー　「ジユー・シュギ　シカン」お　めぐる　チシキ・シャカイガク」『イデオロギーとしての日本――「国語」「日本史」の知識社会学』（三元社）
丸谷才一（1983）「言葉と文字と精神と」『日本語の世界16　国語改革を批判する』（中央公論社）
安田敏朗（1997）『帝国日本の言語編制』（世織書房）
安田敏朗（2003）『脱・「日本語」への視座　近代日本語言語史再考Ⅱ』（三元社）
矢田勉（2012）『国語文字・表記史の研究』（汲古書院）

❊ 第Ⅲ部　だれのための日本語文字・表記研究か ❊

| 第 9 章 |

点字かなづかいと「現代仮名遣い」

1. 「現代仮名遣い」は「定着」したのか

　文字情報の電子化とその普及がすすむなかで、2010年12月に、「情報機器の広範な普及」を理由として「常用漢字表」のみなおしと改定[1]がおこなわれ、注目された。その一方、かなづかいについては、1986年にだされた「現代仮名遣い」(昭和61年内閣告示)は、1946年にだされた「現代かなづかい」(昭和21年内閣告示)からの改定時に、「社会に定着」していると評価され、ほぼ「現代かなづかい」を踏襲する形で制定された。それ以来国語施策としてかなづかい改定の動きはなく、また改定の必要性について議論されることもほとんどないといっていいだろう。しかし、本当に「現代仮名遣い」は「社会に定着」しているとして、再検討する必要がないものなのだろうか。

　図1は、2010年8月10日に、東京都にある私鉄駅構内の電光掲示板

---

[1] 2009年3月に文部科学大臣から「情報化時代に対応する漢字政策の在り方について」が諮問され、文化審議会国語分科会は「現行の常用漢字表が近年の情報機器の広範な普及を想定せずに作成されたものであることから、「漢字使用の目安」としては見直しが必要であることを確認した」として、2010年6月に『改定常用漢字表』を答申した。これをうけて2010年12月に文化庁『常用漢字表』(平成22年度内閣告示第2号)が公布された。

図 1:「予定どうり開催いたします」とかかれた駅の電光掲示板

を撮影したものである。「(花火大会は)予定どうり開催いたします」とかかれている。「現代仮名遣い」では「予定どおり」がただしく、現代墨字漢字かなまじり文の規範意識からみると、「まちがった」例である。

図 2 は 2012 年の 10 月に配布された広告チラシの例である。「新鮮・激安・品揃えをもっとうに試食販売!!」とかかれている。これは外来語「モットー」をひらがなで「もっとう」と表記した例である。外来語の表記の「よりどころ」となる 1991 年にだされた「外来語の表記」(平成 3 年内閣告示)によると、「長音は、原則として長音符号「ー」をもちいて書く」とされており、規範からはずれたものとなっている。これは「まっとう」などといった和語につられて、「もっとう」という和語であると解釈した例であるとかんがえられる。

また、このように「まちがって」かかれた例のほかに、あえて規範からはずれた表記をする例としてマンガのなかでこどもが発したセリフとして表記された例を紹介する。中村珍『羣青』[2]下巻 301 ページに、ちいさな

2 　夫に暴力をふるわれていた女性が自分に恋慕するレズビアンの女性に依頼し

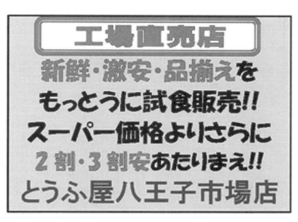

図2 「新鮮・激安・品揃えをもっとうに試食販売!!」とかかれた広告チラシ

おんなのこがまどべにこしかけて、マンガ本をよんでいるすがたがえがかれる。そのマンガ本のなかの登場人物である「ももたろ」（桃太郎のことか）にたいして、おんなのこはこう評価する。「ももたろは、 じぶんは　おにに　なにもされてないのに、 おにころすから、 だいじゃん。 おにたいじをする　げいいん（原因）がのってないし（略）」。登場人物のおんなのこのセリフのなかでは、「げいいん」に「原因」というルビがふられている。こどもにとってはむずかしい語彙であろう字音語の表記を、セリフのなかであえて「現代仮名遣い」から逸脱した表音的なかたちでしめすことにより、こどものあどけなさや口調のかわいらしさを演出するこころみた例とかんがえられる[3]。このように、登場人物の特徴や性格をきわだたせるためにあえて規範的な表記から逸脱するという表現法はもともとそこに規範があるからこそ効果的なものであり、これによって規範をゆるがそうという意図はないであろう。しかしこのような表記の工夫はマンガやライトノベ

　　　て夫を殺害させたその後の、2人の女性の逃避行の様子をえがいた作品。
3　鬼退治をする「理由」ではなく「げいいん（原因）」という語を選択した点
　　　も、おんなのこの字音語へのふなれさを演出しているといえるだろう。

ルといった分野では手法のひとつとして確立されつつあり、けしてめずらしいものではなくなっている[4]。

それにくわえて、文字情報の電子化により墨字漢字かなまじり文へのアクセスの方法の多様化があげられる。文字のもつ公共的な面に着目し、文字情報へのアクセス権という観点から日本語表記についての考察をおこなっているあべ（2010）は以下のようにのべている。

> 電子テキストがあれば、漢字まじりの日本語の文章をパソコンで音声化したり、点字にしたり、ふりがなをふったり、ひらがなの文章にかえたりすることができる。技術の進歩によって漢字まじりの日本語をかくこと／よむことのハードルは確実にさがった。（あべ 2010: 19）

---

[4] 「原因」を「げいいん」とするようなラディカルなこころみはまだおおくはないものとおもわれるが、たとえばおさない容姿や性格をもったキャラクターの発話のなかで「こういう」を「こうゆう」「こおゆう」「こーゆー」などと表記される例はよくみられる。規範的な表記からの逸脱により、キャラクター性をきわだたせるという手法である。また、これらの表記があらわれる理由については表記論ではなく日本語音声・音韻論の観点から説明するのが妥当であろうという見解もあろう。しかし「げいいん（原因・げんいん）」にしろ「こーゆー（こういう）」にしろ、おさないこども特有の発音というわけではなく、成人であっても、くだけた談話の場などでは「げいいん」「こーゆー」と表記したくなるような発音をしばしば耳にするし、たとえば日本語入力支援ソフト Google IME の予測変換で、「げいいん」とうちこむと＜もしかして：げんいん＞という注意がでるものがある程度には、一般的ではあるといえる。「げいいん」はおとなにとっても「原因」の表音的なかな表記であるといえるだろう。ここで着目するべきは、そう発音するのはこどもだけではないのに、「げいいん」と「表音的」に表記する（＝規範からはずれる）ことによって発話者のおさなさ・未熟さが演出できることである。このような技法については、表記論からの解釈も必要であろう。

このように電子テキストを操作する技術によって、点字使用者や漢字を
つかわないものも、墨字漢字かなまじり文でかかれた情報を、なんらかの
かたちで加工することで利用することが可能となる場合もあり、文字の利
用方法のはばがひろがっているといえる。しかしながら、このように電子
テキストを提供するだけでは、情報アクセス権が保障されるわけではない。
あべは、つづけてこうのべる。

　　「漢字という障害」の問題は技術にたよるだけで、ほかに具体的
　な対策をとっていない。それは、漢字の問題をはじめとする日本語
　表記の問題について、きちんと議論されていないからではないだろ
　うか。
　　現在の日本社会では情報にアクセスする権利、あるいはユニバー
　サルデザインという概念がすこしずつ認知されはじめている。それ
　では、日本語の文字のありかたをそういった視点から検討すれば、
　どのような問題点がうかびあがるのか。（あべ 2010: 20-21）

　あべ (2010) では、文字のもつ公共的な面に着目し、文字情報へのアク
セス権という観点から考察をおこなっている。そこで問題となるのが、日
本語墨字漢字かなまじり文における漢字の問題である。よみ情報が付与さ
れていない漢字かなまじり文は、漢字をつかわずに生活している人々の文
字情報へのアクセスの障害となる場合がある。これにたいして、以下の提
言がなされる。

　　表記をかえることはできる。ひとりひとりが、かえていけば表記
　はかわる。いますぐ漢字をやめようというのではない。「固有名詞
　の漢字には、よみをそえる」という提案である。そして、これから
　の日本語表記の可能性として、わかちがきの導入も選択肢のひとつ
　だという提言である。かりに、わかちがきを導入して、さらには訓

よみ漢字をへらしていけば、日本語の表記は、もっとわかりやすくなる。もちろんそれは、いまとはちがった表記になる。だがそれでも、漢字かなまじり文であるには、かわりがないのだ。(あべ 2010: 33)

この提言をうけて、固有名詞の漢字によみ情報を付与すること、訓よみ漢字をへらしていくなかで、問題となるのはかなづかいのことである。たとえば「大岡越前守」によみがなをつけるとき、「おおおかえちぜんのかみ」か「おうおかえちぜんのかみ」か「おーおかえちぜんのかみ」か、いったいどれがいったい「正しい」のだろうか、それともどうかいてもかまわないのだろうか、というなやみがうまれることもあるだろう。ここで、いままで漢字でおおいかくされてみえにくくなっていたかなづかいの問題が意識されることになる。

2.「現代仮名遣い」への批判

「現代仮名遣い」は 1986(昭和 61)年 7 月に内閣告示第 1 号として公布された。墨字漢字かなまじり文のかなづかいのよりどころをしめすものである。ただし、前書きの 3 に「この仮名遣いは、科学、技術、芸術その他の各種専門分野や個々人の表記にまで及ぼそうとするものではない。」とある。「現代仮名遣い」はその表記法を強制しようとするものではなく、あくまでも「よりどころ」であるとしている。そのため、歴史的かなづかいでかかれた文章や、「現代仮名遣い」よりさらに表音的なかなづかい[5]で

5 　本研究では、「現代仮名遣い」「歴史的かなづかい」よりも表音的な特徴をおおくもつかなづかいを、便宜上「表音的なかなづかい」とよぶ。実際には音

かかれた文章も公開されている。しかしながら、学校教育で「ただしい」ものとして教えられることもあり、実際には「現代仮名遣い」は墨字漢字かなまじり文で文章をかくときの規範的なかなづかいとみなされる。そこからはみだした表記で文章をかいた場合、学術論文や文学作品などといった特殊なものをのぞいて、かきてはかわりものであるとか知識不足であるとか非常識であるとみなされる場合がある[6]。

しかし、「現代仮名遣い」はさまざまな問題点も指摘されてもいる。

「現代仮名遣い」が複雑で習得しにくいものにしていることについて、すでに多く指摘されている[7]。おもなものを、以下に整理する。

2.1. 歴史的かなづかいの影響

「現代仮名遣い」は「語を現代語の音韻に従って書き表す」原則（第1

声をそのまま反映したかなづかいなどというものは実行不可能であり、存在しない。その時代にひろくつかわれていた「規範的なかなづかい」（「歴史的かなづかい」や「現代かなづかい」「現代仮名遣い」と比較して表音性のたかいかなづかいを、「表音的なかなづかい」とよぶことにするが、「表音的なかなづかい」というある一定のかなづかいが存在するわけではない。

6　たとえば、インターネット上で活動を行なっている『こんにちわ撲滅委員会』という団体があった。この団体の活動趣旨は「「こんにちわ」表記撲滅のために戦い「こんにちは」表記を広く普及させようという趣旨のもとに設立された団体」であると説明されている。「こんにちは推奨」ではなく「こんにちわ撲滅」という表現を選択することからわかるように、そこでのべられている主張は非常につよいものであった（現在このサイトは閉鎖しているようである）。

7　文部省（1957: 1-27）ですでに「現代かなづかいの問題点」がまとめられている。ここでまとめられていることは、「現代仮名遣い」についてもあてはまる。最近では、長音表記について蜂矢（2007）が問題点の整理をおこなっている。

則)と、「表記の慣習」による特例(第2則)の2部だてになっており、この特例(第2則)が「現代仮名遣い」を複雑なものにしている。「表記の慣習」とは、いわゆる歴史的かなづかいのことをさす。「現代仮名遣い」は歴史的かなづかいをもとに表音的な表記に改良したものであるため、歴史的かなづかいの用字法が残存している。これが「表記の慣習」とよばれるものである。

「現代仮名遣い」は、前書きの8に歴史的かなづかいにかんする記述がある。

> 8 歴史的仮名遣いは、明治以降、「現代かなづかい」(昭和21年内閣告示第33号)の行われる以前には、社会一般の基準として行われていたものであり、今日においても、歴史的仮名遣いで書かれた文献などを読む機会は多い。歴史的仮名遣いが、我が国の歴史や文化に深いかかわりをもつものとして、尊重されるべきことは言うまでもない。また、この仮名遣いにも歴史的仮名遣いを受け継いでいるところがあり、この仮名遣いの理解を深める上で、歴史的仮名遣いを知ることは有用である。付表において、この仮名遣いと歴史的仮名遣いとの対照を示すのはそのためである。(「現代仮名遣い」)

これによると、「現代仮名遣い」を習得するためには、現在は目にする機会がすくない歴史的かなづかいの知識がもとめられることとなる。

しかし、歴史的かなづかいは近世の国学者が提唱したいわゆる契沖仮名遣いとよばれるかなづかいをもとに、明治期につくられたかなづかいであり、公文書の作成や学校教育にとりいれられたとしても、それをつかいこなせる層はかぎられていた。また、「歴史的かなづかい」を「我が国の歴史や文化に深いかかわりをもつもの」とするのであれば、同様に歴史や文化にかかわりをもついわゆる「定家かなづかい」についても言及するべきであろうが、それにかんしてはいっさいふれられていない。

2.2. 音声と表記のくいちがい

前節でのべたように、現代仮名遣は「表記の慣習」として歴史的かなづかいに通じる用字法がさだめられており、表記から発音を推定しにくくなっている。以下に主なものをまとめる。

2.2.1. 助詞「を」「は」「へ」について

第2則に、以下のとおりの記述がある。

> 1　助詞の「を」は、「を」と書く。
> 例　本を読む　岩をも通す　失礼をばいたしました　やむをえない
> 　いわんや…をや　よせばよいものを　てにをは
> 2　助詞の「は」は、「は」と書く。
> 例　今日は日曜です　山では雪が降りました　あるいは　または
> もしくは　いずれは　さては　ついては　ではさようなら　とはいえ　惜しむらくは　恐らくは　願わくは　これはこれは　こんにちは　こんばんは　悪天候もものかは
> 〔注意〕　次のようなものは、この例にあたらないものとする。
> いまわの際　すわ一大事　雨も降るわ風も吹くわ　来るわ来るわ　きれいだわ
> 3　助詞の「へ」は、「へ」と書く。
> 例　故郷へ帰る　…さんへ　母への便り　駅へは数分（「現代仮名遣い」）

助詞の「は」「へ」「を」については、共通語では [wa]、[e]、[o] となり、「語を現代語の音韻に従つて書き表す」のであれば「わ」「え」「お」となる。

2.2.2.　「じ」「ず」「ぢ」「づ」の表記のあいまいさ

　共通語では「じ」と「ぢ」がともに［dʒi］、「ず」と「づ」がともに［dzu］とよまれる。

　「現代仮名遣い」では、第2則の5で「ぢ」「づ」の用字をさだめている。

　5　次のような語は、「ぢ」「づ」を用いて書く。
　(1) 同音の連呼によって生じた「ぢ」「づ」
　　　例　ちぢみ（縮）　ちぢむ　ちぢれる　ちぢこまる　つづみ（鼓）　つづら　つづく（続）　つづめる（約）　つづる（綴）
　　　〔注意〕「いちじく」「いちじるしい」は、この例にあたらない。
　(2) 二語の連合によって生じた「ぢ」「づ」
　　　例　はなぢ（鼻血）　そえぢ（添乳）　もらいぢち　そこぢから（底力）　ひぢりめん　いれぢえ（入知恵）　ちゃのみぢゃわん　まぢか（間近）　こぢんまり　ちかぢか（近々）　ちりぢり　みかづき（三日月）　たけづつ（竹筒）　たづな（手綱）　ともづな　にいづま（新妻）　けづめ　ひづめ　ひげづら　おこづかい（小遣）　あいそづかし　わしづかみ　こころづくし（心尽）　てづくり（手作）　こづつみ（小包）　ことづて　はこづめ（箱詰）　はたらきづめ　みちづれ（道連）　かたづく　こづく（小突）　どくづく　もとづく　うらづける　ゆきづまる　ねばりづよい　つねづね（常々）　つくづく　つれづれ
　　　なお、次のような語については、現代語の意識では一般に二語に分解しにくいもの等として、それぞれ「じ」「ず」を用いて書くことを本則とし、「せかいぢゅう」「いなづま」のように「ぢ」「づ」を用いて書くこともできるものとする。
　　　例　せかいじゅう（世界中）　いなずま（稲妻）　かたず（固唾）　きずな（絆）　さかずき（杯）　ときわず　ほおずき　みみずく　うなずく　おとずれる（訪）　かしずく　つまずく

ぬかずく
　　　ひざまずく　あせみずく　くんずほぐれつ　さしずめ　でずっ
　　　ぱり　なかんずく　うでずく　くろずくめ　ひとりずつ　ゆう
　　　ずう（融通）
　　〔注意〕　次のような語の中の「じ」「ず」は、漢字の音読みで
　　もともと濁っているものであって、上記（1）、（2）のいずれ
　　にもあたらず、「じ」「ず」を用いて書く。
　　　例　じめん（地面）　ぬのじ（布地）
　　　　　ずが（図画）　りゃくず（略図）（「現代仮名遣い」）

　「ぢ」「づ」があらわれる語について、「現代仮名遣い」は2とおりの法則をあげている。(1)は、「つづく」「ちぢむ」のように1語のなかで「ち」の直後は「じ」ではなく「ぢ」、「つ」の直後は「ず」ではなく「づ」がくるという表記の規則を示している。ただし、「いちじく」「いちじるしい」などの語は例外となる。これは歴史的かなづかいの影響をうけている。(2)は、「はなぢ（はな＋ち）」や「てづくり（て＋つくり）」のように連濁により生じた［dʒi］と［dzu］が「ぢ」「づ」と表記されるという規則を示している。しかし、「現代語の意識では一般に二語に分解しにくいもの」を例外としている。ここであらわれる、「現代語の意識」とはだれのものであろうか。ある複合語が「二語に分解しにくい」かどうかは、語彙の知識の量に左右される面もあり、日本語をつかうすべてのものに同一の「一般に二語に分解しにくい語」という意識があるわけではない。

　また、〔注意〕にあるように、連濁とも解釈できるが実際には連濁ではないとみなされる字音語複合語がある。たとえば「布地」は「ぬの＋ち」と分解することができ、その「ち」が連濁により「ぢ」となったため、「ぬのぢ」とかくというような説明も可能であろう。しかし、「現代仮名遣い」では「布地」はかながきをすると「ぬのじ」となる。これは、もともと「地」という漢字が［tʃi］と［dʒi］の二通りの音をもっており、「布地」

の「地」は連濁により生じた音ではなく、字そのものがもっていた［dʒi］という音が発音されているのであるという解釈になる。そのため、この語は第2則にはあてはまらないので、「ぬのじ」と表記される。

このように「ぢ」「づ」があらわれる語については、「同音の連呼」と「二語の複合」の2とおりをしらなければならない。その法則はある程度しめされており、類推がしやすいものであるかもしれない。しかし、それらについても「いちじく」や「ぬのじ」などといった例外の語があり、それらの語についてはひとつひとつおぼえなくてはいけないことになる。

2.2.3. 長音表記のきまりのむずかしさ

「現代仮名遣い」のなかでもっとも錯綜しているのが長音表記である。長音表記については、第1則の5で本則がしめされる。

> 5 長音
> (1) ア列の長音
> ア列の仮名に「あ」を添える。
> 例 おかあさん おばあさん
> (2) イ列の長音
> イ列の仮名に「い」を添える。
> 例 にいさん おじいさん
> (3) ウ列の長音
> ウ列の仮名に「う」を添える。
> 例 おさむうございます（寒） くうき（空気） ふうふ（夫婦）
> うれしゅう存じます
> きゅうり ぼくじゅう（墨汁） ちゅうもん（注文）
> (4) エ列の長音
> エ列の仮名に「え」を添える。
> 例 ねえさん ええ（応答の語）

(5) オ列の長音

オ列の仮名に「う」を添える。

　例　おとうさん　とうだい（灯台）
わこうど（若人）　おうむ　かおう（買）　あそぼう（遊）　おはよう（早）　おうぎ（扇）　ほうる（抛）　とう（塔）　よいでしょう　はっぴょう（発表）　きょう（今日）　ちょうちょう（蝶々）（「現代仮名遣い」）

ただし、例外として第2則に以下の例がかかげられている。

　6　次のような語は、オ列の仮名に「お」を添えて書く。
　例　おおかみ　おおせ（仰）　おおやけ（公）　こおり（氷・郡△）　こおろぎ　ほお（頬・朴）　ほおずき　ほのお（炎）　とお（十）　いきどおる（憤）　おおう（覆）　こおる（凍）　しおおせる　とおる（通）　とどこおる（滞）　もよおす（催）　いとおしい　おおい（多）　おおきい（大）　とおい（遠）　おおむね　おおよそ
これらは、歴史的かなづかいでオ列の仮名に「ほ」又は「を」が続くものであって、オ列の長音として発音されるか、オ・オ、コ・オのように発音されるかにかかわらず、オ列の仮名に「お」を添えて書くものである。

付記

次のような語は、エ列の長音として発音されるか、エイ、ケイなどのように発音されるかにかかわらず、エ列の仮名に「い」を添えて書く。

　例　かれい　せい（背）　かせいで（稼）　まねいて（招）　春めいて
へい（塀）　めい（銘）　れい（例）　えいが（映画）　とけい（時計）　ていねい（丁寧）（「現代仮名遣い」）

表1 「現代仮名遣い」の長音表記

	ア列	イ列	ウ列	エ列	オ列
第1則(本則)	ア列＋あ	イ列＋い	ウ列＋う	エ列＋え	オ列＋う
第2則(特例)				エ列＋い	オ列＋お

これらをまとめると、**表1**のとおりになる。

「現代仮名遣い」の長音表記を確認した上で、現代語の長音表記の主なものは以下の3種類があげられる[8]。

(1) 長音の母音の字をそえる（ああ、いい、うう、ええ、おお）
(2) 長音とはことなる母音の字をそえる（おう、えい等）
(3) 長音符を用いる

このなかで、(2)については、**表1**の「エ列＋い」と「オ列＋う」があてはまる。どちらも字音かなづかいの影響をうけて固定化された表記であり、「現代仮名遣い」でいうところの第2則「表記の慣習」に相当する。実際に**表1**でも、本則である第1則が(1)とほぼ対応する。ただし、オ列に関しては本則が(2)と対応しており、(1)は第2則となっている。つまり、長音表記にかんしては、「現代音に則した」表記であるはずの第1則のオ列長音表記が、すでに例外をふくんでいる。また、「現代仮名遣い」では規定がないが、カタカナ表記中にあらわれる外来語・擬声語擬態語などの長音表記には長音符「ー」があらわれる。また、付記の「エ列の長音として発音されるか、エイ、ケイなどのように発音されるかにかかわらず」という記述があるように、ある語について、長音かそうでないかと

8　この分類は遠藤（2001）参考にした。このほかに日本語史料にあらわれる長音表記法はさまざまであり、(1)〜(3)のほかに長音にあたる部分をこがきにするというような表記法もある。

いうことも意識にゆれがみられる。

2.2.4. 漢字依存

　以上のように、「現代仮名遣い」は「現代語の音韻に従つて書き表す」としながらも、一部の語にかんしては歴史的かなづかいの知識が必要となる。しかし、実際には漢字かなまじり文でかく場合には、おおくの語は漢字におおいかくされて、かなづかいの複雑さがあらわれるのは助詞などのかながきをする一部の語にかぎられる。

　たとえば、オ列長音については、「おうさま」と「おおかみ」などという語のかなづかいは「おお」か「おう」かまよう場合もあるが、その場合は漢字をつかって「王様」「狼」とかいてしまえば、「現代仮名遣い」の複雑さがおおいかくされる。同様に、二語に分解しにくいかどうかが問題となる連濁の「ぢ」「づ」についても、たとえば「せかいじゅう」か「せかいぢゅう」かについても、「世界中」と漢字で表記すれば悩むこともない。また、「布地」を「ぬのぢ」ではなく「ぬのじ」とかくその根拠は、この事例は連濁ではなく「地」という漢字に「ち」と「じ」という2通りの音をもっているためであるという説明がされる[9]が、これも漢字で「地」とかいてしまえばよい。このように、「現代仮名遣い」をつかうには、漢字のたすけをうけ、「漢字かなまじり文」でかかれることが前提となっている。いいかえると、「現代仮名遣い」がこのように複雑でむずかしいものでありながらそれが意識されることがすくないのは、漢字かなまじり文を習得してしまえば、そのむずかしさがみえにくくなってしまうためであ

9　ただし、「世界中」を「せかいじゅう」と表記することにかんしては、このような説明にあてはまらない。「中」は漢字そのものに「じゅう」という音はもっていない。「融通」についても同様に、「通」に「ずう」という音があるわけではない。これらは、連濁によるものであるにもかかわらず、「ぢ」「づ」が使われない例であるが、これにかんしては説明はない。

る。

3. 「現代仮名遣い」と教育

　「現代仮名遣い」のむずかしさに直面する機会は、漢字をつかい、漢字かなまじり文でかく場合より、かなのみで日本語をかくときにおおくなることがかんがえられる。「狼」「世界中」「布地」と漢字表記が選択できる場合とくらべて、かなでかくばあいには「狼」が「おおかみ」か「おうかみ」か、というなやみが生じる。ここでは、小学校国語教育における、「現代仮名遣い」のとりあつかいについてのべる。

　小学校国語科における「現代仮名遣い」については、『学習指導要領』[10]「(4)〔伝統的な言語文化に関する事項〕　イ　言葉の特徴やきまりに関する事項」に記載がある。1・2学年で「長音、拗音、促音、発音などの表記ができ、助詞の「は」「へ」及び「を」を文の中で正しく使うこと。」とあり、5・6学年で「送り仮名や仮名遣いに注意して正しく書くこと」とある。使用頻度がたかく、漢字かなまじり文においてもかながきされる助詞「は」「へ」「を」からはじまり、小学校卒業時には「現代仮名遣い」を「正しく」かくことが要求される。しかし複雑な「表記の慣習」を理解するために必要とされる歴史的かなづかいがとりあげられるのは中学校からであり、小学生にとってはそれぞれの語について、ただかなづかいを丸暗記していることになる。

　このような教育における現代仮名遣いのむずかしさは国語教育の研究者からも指摘があり、特に長音については拗音・撥音・促音とならんで特殊

---

[10]　「学習指導要領」は文部科学省のサイトでよむことができる。http://www.mext.go.jp/a_menu/shotou/new-cs/youryou/index.htm

音節[11]といわれ、その音韻意識および表記の特殊性については、習得の困難さが観察されている[12]。

また、国立国語研究所による、就学前のこどもにたいしておこなわれたよみテストの調査についての報告がある。この調査は幼稚園の5歳児クラス50名にたいしておこなわれたテストである。これによると、ひらがな46文字がよめた時点でも、文章中にあらわれる助詞の「は」「へ」や、長音等の特殊音節をよむことができず、文意がつかめていないという結果がでている[13]。

よみかきに困難があらわれるこどもにたいしては、音声・音韻意識と文字との関係に注目し、ひらがなでかかれたある単語の文字と50音表にある文字を対照することで、かかれた文字から音を想起するという学習がおこなわれることもあり、その有効性についての報告がされている[14]。また、特殊音節のよみかきに困難があらわれることはよくしられている。この場合、音声・音韻と表記がかけはなれている「現代仮名遣い」の規則はよみかきの上での障害になることが考えられる。具体的には、たとえばエ段長音の表記に長音符をつかうのか、それとも「エエ」とかくのか「エイ」とかくのか、などという恣意的なきまりは学習の負担になることがかんがえられる。実際に、ディスレクシア児に助詞等の「誤読」がおおくみられる

11 　大伴（2008）などを参照。また、国語教育における「特殊音節」とは撥音・促音・長音のほかに拗音をふくむ場合もある。これは教授法の観点からの分類であり、日本語学における「特殊拍」「特殊音節」とはことなった概念であるとかんがえられる。
12 　天野（1986）第2章4部「特殊音節についての自覚の発達と教育」において、音声・音韻意識と表記の両面から、こどもの特殊音節表記の習得の困難性がまとめられている。また、特に長音の表記についての問題点および教授法については長岡（2008）によって詳細に研究されている。
13 　国立国語研究所（1972: 27）。
14 　松本（2005）等。

という調査結果がある[15]。

　国語教育では、学習者が漢字かなまじり文をかくことを目標としており、かな専用文は漢字に習熟するまでの過渡的な表記であるとかんがえられている。そのため、かなづかいの習得と並行して漢字学習がおこなわれる。漢字かな交じり文でかく場合には漢字でおおいかくすことができるかなづかいよりも、習得に膨大な時間を必要とする漢字学習が優先される。ただし、漢字未習語は「ただしく」ひらがなで表記するように求められる。また、漢字テストのよみがなをふる問題は、「現代仮名遣い」でかくことを要求される。たとえば、「先生」のよみをとわれて、「せんせー」「せんせえ」とかいたばあい、そうかいた生徒は注意をうける。漢字テストのよみ問題は、「よむことができるか」ということのほかに、「『現代仮名遣い』でただしくかけるか」をとうものである。このように「現代仮名遣い」は、漢字かなまじり文を習得していないもので、その習得をめざすものにとっては、漢字テストや作文指導などをとおしてさけることのできない規範としてせまってくる。

　また、日本語を第一言語としない者への日本語教育においても、同様の問題があることがかんがえられる。さらに、慣習によりきめられている表記と実際の発音との関係が学習者をなやませている。たとえば、井上（2006）は日本語教育の観点からエ列長音の長音と発音との関係の問題点の整理をおこなっている。現代仮名遣いでみられるエ列、オ列長音の表記にくわえて外来語についても考察をおこなったうえで、外来語にかんしては、「エイ」「オウ」と表記されたときは、[eː] [oː] と発音される場合と [ei] [ou] と発音される場合があることを指摘しており[16]、またその境

15　葛西・関・小枝（2006: 42）。
16　たとえば靴の底革の「ソール」と都市の「ソウル」の例をあげた上で、「ソウル」とかいてあっても「ソール」と発音するひとがいるという（井上 2006: 16）。これらの外来語の表記は、実際の発音のちがいが反映されてい

界例の紹介もしたうえで、以下のようにのべる。

> 日本人の間にも世代差、学歴差がある。公的機関で標準を定めることは、効果がある。境界線にあたる例で発音にゆれがあるが、「エー」「エイ」「オー」「オウ」で固定している語も多い。（略）日本人・標準語の話し手には分かりきったことでも明文化する必要がある。（井上 2006: 20）

　和語・漢語の長音表記が複雑になっており、同じ発音でありながらさまざまな表記が考えられることが、外来語の表記にまで影響し、ある語のなかで「エイ」という表記があらわれた場合、それを [ei] と発音するのか [e:] と発音するのか、ということは明文化されないかぎりはわからないという現状になっており、それが日本語学習者の負担となっている。

4．点字かなづかいと「現代仮名遣い」

4.1．点字かなづかいと「現代仮名遣い」

　墨字でつかわれる「現代仮名遣い」とならんで、日本語点字には点字かなづかいがある。日本語点字は6点点字1字がかな1字にほぼ対応する点字かなが基礎となる。その表記法は基本的には漢字を使わず、文節わかちがきのかな専用文でかかれる。また、そのかなづかいは、墨字漢字かなまじり文の「よりどころ」である「現代仮名遣い」とはことなる、日本点

　　るばあいもあるが、おなじ発音であり、表記上の慣習によるちがいのばあいもある。そしてその境界にあるものも存在する。

字委員会[17]によってさだめられた独自のかなづかいがある[18]。本研究ではこの日本点字委員会によってさだめられた点字表記の規範的なかなづかいを点字かなづかいとよぶ。現在、点字かなづかいは「現代仮名遣い」にほぼ対応しているが、次の2点で、「現代仮名遣い」とはことなっている。

(1) 墨字では「は」「へ」となる助詞は、「わ」「え」と表記する
(2) ウ列とオ列の長音のうち、「現代仮名遣い」で「う」とかきあらわす長音部分を調音符をつかって表記する。

現行の点字かなづかいと「現代仮名遣い」は共通点もおおくあるが、たとえば墨字漢字かなまじり文「三郎は昨年来大変よく勉強をして、入学試験に備えています。」を点字のかなづかいで表記すると、「さぶろーわ　さくねんらい　たいへん　よく　べんきょーを　して、にゅーがく　しけんに　そなえて　います。」となる。現代日本語口語文において、助詞「は/わ」「へ/え」は頻出する。また、ウ列・オ列長音表記も字音語を中心としており、出現頻度がたかくなっている。規則の面でみると、点字かなづかいと「現代仮名遣い」はごくわずかなちがいにみえるものの、そのわずかな相違点が頻出する語に集中するため、かきだされた文は、だいぶちがうという印象をうけるだろう。

以上で確認したとおり、点字かなづかいは「現代仮名遣い」とはことなる点をもっている。それは、点字かなづかいが墨字の漢字かなまじり文よりもさきがけて表音的表記法を採用していたためであることがいわれている。それでは、「現代仮名遣い」の前身となる「現代かなづかい」が発表されたとき、さきだって表音的表記法をとりいれていた点字かなづかいとの統合はかんがえられなかったのだろうか。「現代仮名遣い」成立の経緯

17　日本点字委員会 http://www.braille.jp/。
18　日本点字委員会（2001: 11-28）。

をふくめて、検討していく。

4.2. 「現代仮名遣い」と点字かなづかいとの関連性

　「現代仮名遣い」が第1則（原則）と第2則（特例）の2部だてとなっており、そのために複雑なものになっていることについては、その成立に理由がある。「現代かなづかい」「現代仮名遣い」の原型ともいえるのは、1905（明治38）年にだされた文部省のかなづかい諮問案にたいする、国語調査委員会答申[19]である。

　文部省のかなづかい諮問案は、明治33年式棒引きかなづかいによってかかれていた第一期国定教科書の修正を審議するさいにおかれた「教科書調査委員会」が調査・報告した、「国語仮名遣改定案」「字音仮名遣ニ関スル事項」をもとにしてつくられている。これは、明治33年式棒引きかなづかいを改良したものであり、字音語だけでなく和語も表音的表記法でかくこととし、小学校だけではなく中学校以上の教育にも適用しようとしたものである。助詞の「は」「へ」は「わ」「え」とあらため、助詞にかぎらず、「お」「を」はすべて「を」に統一し長音表記は用言の語尾以外は長音符を使うなど、かなり表音性がつよいかなづかいとなっている。これにたいしてだされた国語調査委員会答申は、助詞や長音表記の表記法において、「現代仮名遣い」との共通点がおおくある。これが、1946（昭和21）年発布の「現代かなづかい」にいたるまでの仮名遣い改定案の原型となり、「現代仮名遣い」にまでつながっている。このように、「現代仮名遣い」は明治期にできあがっており、ほぼそのままの形で現在もつかわれている。

　一方、現行の点字かなづかいも、長音に長音符をもちいることなどから、棒引きかなづかいの影響がかんがえられていることは、これまで第2章、

19　詳細は文部省（1953）に詳しい。また、「現代仮名遣い」がこの国語調査委員会答申と共通点がおおいことは、永山（1977: 109）に指摘がある。

第3章でのべてきた。日本語点字の整備は、東京盲唖学校の関係者によって行われ、1890 (明治23) 年に同校教員の石川倉次案による6点点字案が採択された。これが現在の日本語点字の基礎となっている。当初は歴史的かなづかいによって表記されていたが、1900 (明治33) 年に墨字の小学校教科書に、字音語の長音表記に長音符を使用する、いわゆる明治33年式棒引きかなづかいが採用された。それにともない、点字の教科書も表音的な表記法へと変化してゆく。第一期国定読本の点字教科書についても、この明治33年式棒引きかなづかいがおこなれた。

　しかし、墨字の教科書は1908 (明治41) 年に棒引きかなづかいを廃止し、第二期国定教科書は歴史的かなづかいでかかれる。一方、点字については、この棒引きかなづかいが継承される。1946 (昭和21) 年に「現代かなづかい」が制定され、墨字のかなづかいが歴史的かなづかいから表音的なかなづかいへと変わるよりもさきに、点字は棒引きかなづかいによる表音的かなづかいを実践しており、墨字とはことなる独自のかなづかいをもち、それを実践しつづけて現在にいたっている。

　「現代仮名遣い」は1986 (昭和61) 年に公布された。その前身として、1946 (昭和21) 年に公布された「現代かなづかい」がある[20]。運用面からみると、「現代仮名遣い」と「現代かなづかい」はほぼかわりはない。しかし、詳細に比較すると、その理念は語をかきあらわすときの「準則」から「よりどころ」へと変更になり、規範性がゆるやかになり、また細則についても、「現代かなづかい」では助詞「は」「へ」は、「わ」「え」表記も許容とされていたのが、「現代仮名遣い」ではその許容が削除されるなどの細かい変更がある[21]。また、「現代かなづかい」は、歴史的かなづかいから表音的なかなづかいへの過渡的なものとして位置づけられ、さらなる改

20　「現代かなづかい」から「現代仮名遣い」への改定は、戦後の国語政策の見直しの一環として、国語審議会により行われた (文化庁 2005: 610)。

21　文化庁 (2005: 631-633)。

定がめざされていたのにたいして、「現代仮名遣い」は「社会に定着」したかなづかいとして、今後の改定について明記されてはいない。

　点字の表記については、墨字よりさきだって、独自の表音的なかなづかいを実践していたが、「現代かなづかい」と点字のかなづかいは無関係ではなく、日本点字委員会は『日本点字表記法（現代語編）』(1971)・『改訂日本点字表記法』(1950)で、「現代かなづかい」との対応をしめしている。また、「現代かなづかい」の改定にあたっては、日本点字委員会が「「現代かなづかい」に関する意見書」[22] (1982) および、「「改定現代仮名遣い（案）」に対する日本点字委員会からの要望」(1985) を国語審議会にたいして提出している。この日本点字委員会によるもうしたてについては、雑誌『日本の点字』に抜粋して転載された（日本点字委員会 1982; 1986)。

　日本点字委員会 (1982) は、「現代かなづかい」の改定にあたっての、点字かなづかいの立場からの要望である。助詞「は」「へ」、よつがな、長音表記などの例をとりあげ、のこっている歴史的かなづかいの影響をなくし、より表音的な表記にちかづけていくための提言がされている。しかしながら、国語審議会がだした「改定現代仮名遣い（案）」は、いままでの「現代かなづかい」とほとんどかわらず、日本点字委員会のもうしたてがまったくふまえられていない。また、「現代かなづかい」では助詞「は」と「へ」は「わ」「え」という表記も許容され、オ列長音の本則において「オ列＋お」の表記も許容されている。これが点字かなづかいの「オ列＋ー」と対応しており、「オ列＋う」を本則としない点字かなづかいとの整合性をたもつと解釈されているが、改定案ではその許容がなくなってい

---

[22] 木塚泰弘（きづか・やすひろ）の科学研究費補助金「中途視覚障害者の触読効率を向上させるための総合的点字学習システムの開発——点字サイズの評価法、サイズ可変点字印刷システム、学習プログラム・CAI の開発——」（研究課題番号 07401007）の研究成果報告書のなかで紹介されており、ウェブ上からよむことができる。http://web.econ.keio.ac.jp/staff/nakanoy/article/braille/BR/index.html

るなど、点字かなづかいとの関連が希薄になっている。

　それをうけて、日本点字委員会（1985）は、「改定現代仮名遣い（案）」にたいして、2点の要望をだしている。1点は、助詞「は」「へ」に「わ」「え」の表記の許容を存続すること、もう1点は、オ列長音の本則を「オ列＋う」とすることにたいして、「オ列＋お」の許容を存続することである。しかしながら、昭和61年内閣告示第1号として公布された「現代仮名遣い」において、まえがきに「7　この仮名遣いは，点字，ローマ字などを用いて国語を書き表す場合のきまりとは必ずしも対応するものではない。」という一文が追加されたのみで、日本点字委員会の要望は反映されてはいないまま、現在にいたっている。点字と墨字の間は互いに翻字される機会もおおくあり、点字使用者と墨字使用者は無関係でいられるわけではない。日本点字委員会からだされた要望について、墨字使用者もむきあう必要があるだろう。

5.　「現代仮名遣い」再検討の必要性

　以上で確認したように、「現代仮名遣い」は墨字使用者が漢字かなまじり文をかくときには、ひろくもちいられている規範性をもつかなづかいではあるが、「慣習的な表記」に由来する規則の例外をおおくふくむとの批判は、もちいられはじめたときからあげられており、実際に習得の困難さが国語教育・日本語教育の分野からも指摘されている。また、**図1**のように駅の電光掲示板という公共性のたかいもののなかでの「現代仮名遣い」のまちがいの例や、**図2**のように外来語が和語であるかのようになじんだ例がみられる。そしてマンガやライトノベルなどといった一部の分野に限定はされるが、それまでの規範からははずれるような表記をあえておこなうことが作品の表現手段として定着しつつあるような状況がある。

明治期からつかわれつづけている日本語点字のかなづかいとの関連も、墨字文字・表記研究の面から着目されることはすくない。さらに、ユニバーサルデザインという視点から、日本語表記をかえていく必要があるとの意見があがっている。

　墨字漢字かなまじり文のかなづかいとして、「現代仮名遣い」が「定着」しているということは可能であろう。しかし、日本語をかきあらわすための文字の表記法は多様であり、つねに変化している。そして、「定着」しているからといままであまり問題視されずつかわれてきた「現代仮名遣い」は、情報アクセス権の保障という観点から漢字を使用するさいのよみ情報の保障[23]の重要性が指摘されているいま、日本語表記法としての妥当性を検討しなおす必要があるのではないだろうか。

【参考文献】
あべ・やすし（2010）「日本語表記の再検討──情報アクセス権／ユニバーサルデザインの視点から」『社会言語学』10
天野清（1986）『子どものかな文字の習得過程』（秋山書店）
遠藤邦基（2001）「特殊音節（撥音・促音・長音）の表記法──「はねる・つまる・引く」という説明が必要となったことの意味」『関西大学文学論集』50-3
大伴潔・Hirayama Monica（2008）「仮名特殊拍の書字困難への指導に関する予備的研究──音韻意識プログラムによる継時的変化」『東京学芸大学紀要　総合教

---

[23]　「よみ情報の保障」の具体的な実践例としては、北九州銀行と山口銀行のサイトで、一部のページで音声よみあげソフトの利用を考慮して、地名などの一部を漢字ではなくひらがなで表記している例があげられる。
　　北九州銀行：視覚障がいのあるかたに配慮した取り組みについて
　　http://www.kitakyushubank.co.jp/portal/information/barrier-free.html
　　山口銀行：視覚障がいのあるかたに配慮した取り組みについて
　　http://www.yamaguchibank.co.jp/portal/information/barrier-free.html

育科学系』59

柿木重宜（2013）「近代「国語」における「棒引き仮名遣い」の終焉——藤岡勝二に関わる文献学的アプローチを中心にして」『滋賀短期大学研究紀要』38

柿木重宜（2007）「なぜ「棒引仮名遣い」は消失したのか——藤岡勝二の言語思想の変遷を辿りながら」『文学・語学』188

葛西和美・関あゆみ・小枝達也（2006）「日本語 dyslexia 児の基本的読字障害特性に関する研究」『小児の精神と神経』46-1

金子昭（2007）『資料に見る点字表記法の変遷——慶応から平成まで』日本点字委員会

国立国語研究所（1972）『幼児の読み書き能力』（東京書籍）

長岡由記（2008）「長音表記の音声化指導に関する一考察——エ列・オ列長音を中心に」『中国四国教育学会　教育学研究紀要』54

永山勇（1977）『仮名づかい』（笠間書院）

日本点字委員会（2001）『日本点字表記法　2001年版』

日本点字委員会（1986）「国語審議会への要望書」『日本の点字』13

日本点字委員会（1982）「国語審議会への意見書」『日本の点字』10

蜂矢真郷（2007）「「現代仮名遣い」の長音表記」『国語文字史の研究』10（和泉書院）pp.283-296

松本敏治（2005）「平仮名読みに困難を示した2事例への読み指導——50音表暗唱と対連合学習を用いて」『弘前大学教育学部紀要』94

文化庁（2005）『国語施策百年史』（ぎょうせい）

文部省（1957）『現代かなづかいと正書法』

文部省（1953）『明治以後におけるかなづかい問題』

|第10章|

だれのための日本語文字・表記研究なのか

1. なぜ、「なぜ点字かなづかいは『現代仮名遣い』とはちがうのか」というといかけの意味

　これまで、日本語点字の表記についてのべてきた。日本語点字のかなづかいには、助詞の「は」「へ」をワ行の「わ」ア行の「え」と表記する、そして字音語や和語の長音表記に長音符を使用するという特徴があると説明することが可能である。しかし、その「特徴」とはいったいなにを基準にした説明なのかということをかんがえる必要があるだろう。点字のかなづかいについて説明をすると、「なぜ点字は現代仮名遣とはちがうかなづかいをもちいているのか」「なぜ助詞が『わ』『え』となるのか」「なぜ長音表記に『おとーさん』『くーき』などというように長音符がもちいられるのか」などと、墨字漢字かなまじり文をおもに使用しているひとからといかけられることがある。それについて、日本語点字の成立と歴史的な経緯を説明することは、可能である。しかし、はたして「点字のかなづかいが『現代仮名遣い』とことなっている"理由"」を説明することが、本研究の目的であったのか。また、たとえば点字のかなづかいについて、「点字のかなづかいは、助詞は「は」「へ」が「わ」「え」となるのに、「を」だけが現代仮名遣いと同様に「を」であるのはなぜか」「長音表記について、「お父さん」は「おとーさん」と長音符がもちいられるのに、「お母さ

ん」は「おかーさん」ではなく、「おかあさん」と現代仮名遣いと同様になるのはなぜか、不統一ではないか」などととわれたときに、そのといに、歴史的経緯を説明してこたえるのが、本研究の目的なのか。という問題がある。たしかに、それらのといかけについて、なんらかのこたえをあたえることも本書であきらかにしてきたことにより可能であろう。そして、「本研究によって、点字かなづかい史についてこれだけのことがあきらかになった」ということも可能であろう。しかし、それはあくまでも墨字漢字かなまじり文使用者を基準とした説明なのである。点字かなづかいと「現代仮名遣い」とを比較したとき、「なぜ『現代仮名遣い』は助詞の「は」「へ」が発音どおりではないのか。「は」「へ」の仮名にたいして、1字に2音をあたえるのはなぜか」というといがあらわれてもおかしくはないはずである。『現代仮名遣い』では、和語と字音語では長音に長音符をもちいないのはなぜか。それにもかかわらず、なぜ、外来語では長音符をもちいて長音と短音の表記上の区別をおこなうのか」という疑問があってもよいはずなのである。また、たとえば第2章でのべたように、1958年刊行の点字表記法書である『点字国語表記法』までは、「お母さん」は点字かなづかいでは「おかーさん」という棒引きかなづかいが本則であったのが、1971年の『日本点字表記法』からは「おかあさん」が本則となり、「おかーさん」が許容となる。そして1990年の『日本点字表記法』では、「おかーさん」の許容がなくなる。その結果として現行の点字かなづかいでは「おとーさん」と「おかあさん」というかなづかいの「不統一」が生じているのである。これかんしては「現代かなづかい、現代仮名遣い」の成立と「定着」によって点字かなづかいが「現代仮名遣い」にあゆみよったためであることは第2章でものべたとおりである。ただし、点字かなづかいで字音語と和語の一部にウ列に長音符を使用する根拠としては、日本点字委員会（1986）が以下のようにのべており、参考になる。

　　今回、本文第1の5の長音（5）にオ列の長音として明記されま

したことは、これらの音を2モーラ1音節の長音として認定されたものと理解することが出来ます。そこで、これらの1音節の長音の後半にあたる2モーラめをどう書き表すかが問題となります。

　この後半の2モーラめは、前半の1モーラめの中に含まれている母音の時間的な継続でありますから、本来ならば、長音符で書き表すのが最善の策ということが出来ます。その意味から、点字仮名遣いでは漢語や和語についても、ウ列とオ列の場合に限り、長音符を用いています。もし長音符を用いると擬声語や外来語など片仮名表記との混同がおこるというのであれば、次善の策として、この部分を仮名を添えて表すことが出来ます。その場合、「おかあさん」、「おにいさん」、「くうき」、「おねえさん」などと同じように、前半の1モーラめと同じ母音を表す仮名を添えて、「おとおさん」というように、オ列長音には「お」を添えるのが順当だと思われます。

　しかしながら、「改定現代仮名遣い（案）」には、「オ列の仮名に『ウ』を添える。」となっています。もし「ウ」が長音部分を表す一般的な方法であるとすれば、「おかうさん」、「おにうさん」、「おねうさん」と書くことが妥当でしょう。それが妥当でないというのでしたら、この「う」は何なのでしょうか。

　この「う」は歴史的仮名遣いの「う」または「ふ」からきて、「現代かなづかい」で踏襲した習慣によるものと考えざるを得ません。もしそうであるとすれば、「第1.語を書き表すのに、現代語の音韻に従って、次の仮名を用いる。」で始まる原則事項の中に位置づけることは、誤っているのではないでしょうか。そこで、第2の特例の6に揚げてある語を第1の5の長音（5）にもってきて、原則と特例の内容を総入れ替えする方がまだましなのではないで

しょうか。ただ、この場合、特例の語数が多くなると思われますので、オ列の長音はすべて「お」を添えて書き表すことにすれば、合理的で教育上も問題がなく、「おとおさん」と発音しても「おとうさん」と書くのだと小学生をいいくるめなくともよくなります。

ただ、この段階に至っては、大幅な修正、改善もむずかしいでしょうから、第1の5の長音（5）に「お」を添えることを許容とする旨を明記して、将来への禍根を残さないようにしていただきたいのです。（日本点字委員会 1986: 30-33）

ここでは、オ列長音表記に「オ列音＋う」があらわれる「現代仮名遣い」のありようが批判されているのである。日本語点字と墨字は、どちらも日本語を書き表すための文字表記システムであり、並行してつかわれている。また墨字から点字への、そして点字から墨字への翻字がおこなわれる機会もおおくあり、お互いが没交渉でいられるわけではなく、時には対立する場合もあろう。そうであるならばお互いがどちらも同等に尊重されるべきものであり、表記の合理性をめぐっての議論がおこることもあるだろう。その場合は、墨字も点字も同等に、観察され分析される対象であるはずである。しかしながら、墨字漢字かなまじり文「現代仮名遣い」になれているひとびとは、「現代仮名遣い」を基準として、点字かなづかいがどれだけそこから「逸脱」しているかをしりたがり、そしてその「逸脱」の「理由」を説明するようにもとめる。つねに判断をするのは墨字使用者のがわであるとしんじている。もちろん、じぶんのつかいなれているものを基準にしてなにかほかのものを判断するということは、だれにでもおこりうることだろう。問題なのは、そのような墨字使用者が、日本の社会においては多数派であり、現状としては社会全体としての文字・表記のありかたに影響力や決定力をよりおおくもつマジョリティなのである。

そして、この文字・表記における点字と墨字のマイノリティ／マジョリ

ティのちから関係の不均衡は、日本語学の文字・表記研究分野においても反映されているといえるだろう。

2. 日本語文字・表記研究と日本語点字

　以下で、日本語学に関連する辞典・事典類や日本語文字・表記の概説書・入門書等で、日本語点字についてはいったいどのようにのべられてきたのか、みていくこととする。1980年刊行の国語学会編『国語学大辞典』では「点字」という立項があり、項目の筆者としては、草島時介の署名がある[1]。6点点字の説明と成立の歴史、日本語点字の概要やその触読に関する知覚実験などにふれ、以下のような「提言」をもってしめくくられている。

　　　かつてユネスコが点字の国際化をはかったこともあったが、言語構造が種種雑多な世界諸国語の点字を画一化することはきわめて困難と思われる。いかに点字が知覚的にすぐれようと、これにのみ過度に腐心せず、もっと聴覚による交信方法をすすめることが望ましい。点字は一種の隠語であり、常人にはわからない。盲人常人間において、排他結束性という性格を醸成することは望まないことである。（国語学会 1980: 624）

　ここでは、「常人」と「盲人」という対比がおこなわれており、点字は「常人」にはわからない「隠語」であると評価されている。しかし、これ

---

[1] この前身として、1955年に刊行された『国語学辞典』もまた、草島時介の署名による点字の項目がある。

は墨字視読者を基準とした価値判断であり、点字が墨字使用者にとってわからないものであれば、同様に墨字も点字使用者にとってはわからないものである。このように点字のみを「隠語」と揶揄するのはマジョリティである墨字使用者の一方的な都合である。点字使用者にたいして点字に「過度に腐心せず、もっと聴覚による交信方法をすすめることが望ましい」などというのであれば、墨字使用者にたいしても「墨字漢字かなまじり文に過度に腐心」しないようにうったえるべきであろう。墨字の触読は困難であるが点字は視読することも可能であり、つかうことのできるひとの範囲がひろいのは点字の方である。そうであるならば墨字を廃止して日本語文字表記は日本語点字に統一してもよいはずなのであるが、そのような意見が主流となることはないだろう。

　また、1988年に刊行された金田一春彦・林大・柴田武編者代表『日本語百科大事典』では、「言語政策と言語教育」の章において、「触覚による文字の読み取り」として、「オプタコン（Optical-to-Tactile Converter）という装置の紹介をしている。これは「1文字の範囲を縦16行×横5列に配列したピンの振動パターン」によりひらがな、カタカナを触読するものであるが、「画数の多い漢字を読み取ることは困難である」としている（金田一ら 1988: 1280-1281）。そしてこのオプタコンの紹介の後に、「視覚障害者が使う補助的言語」として「仮名点字」と「漢字点字」が以下のように紹介される。

　　　オプタコンのように通常の文字を触覚によって読み取る方式が出現するより以前に、指先で直接に触れて読み取るのに適した、文字に代わる簡略な符号が考案されていた。（略）日本語の仮名文字100種類を表すためには、濁音・半濁音の指示符号や半濁音の指示符号を余分に1マス分くわえなければならない。
　　　さらに何千もある漢字をあらわすためには、上に2点の漢字の指示符号を加えて8点の2-3マスを使って、部首によって符号化す

る方式や、音と訓の1字目の音節を組み合わせて6点の3マスで
符号化する方式などが提案されている。（金田一ら 1988: 1281）

　ここでは、オプタコンをもちいて墨字の形を触読することにたいして
「通常の文字」をよみとるとかかれている。それにたいして、点字は「文
字に代わる簡略な符号」とされている。ここでは、点字は「符号」であり、
墨字のみが「通常の文字」であるということになる。これも墨字使用者の
一方的な判断によって記述されているといえるだろう[2]。
　この他、1985年刊の『事典　日本の文字』、1993年刊行の『世界の文
字の図典』でもそれぞれ日本語点字にかんする紹介がある。そして2001
年に刊行された河野六郎・千野栄一・西田龍雄編著の『言語学大辞典』の
別巻世界文字辞典では、「点字とは、視覚、視力に障害を持つ人々が用い
る文字」（河野ら 2001: 641）と定義したうえで、6点点字の成立の経緯を解
説したのち、世界の言語の点字体系やIPA[3]の点字対応などの概観がのべ
られ、日本語点字については点字かなや漢点字の説明のみならずかなづか
いやわかちがきにも言及されており、詳細で網羅的な説明がある。
　1977年に刊行された『国語学研究辞典』には点字の立項がない。その
新版と位置づけられる2007年に刊行された『日本語学研究事典』にも同
様に、点字の立項がない。また、2011年に刊行された日本語文字論・表
記論の概説書である『図解　日本の文字』にも点字にかんする記述はない。
　そして啓蒙的な目的で2007年に刊行された国立国語研究所編刊『新
「ことば」シリーズ20　文字と社会』では、「公共サービスの文字」とい
う節であっても公共サービスで長年使用実績のある日本語点字については

2　また、この後に、「盲学校ではすべて、補助的言語として点字の指導がなさ
　　れている」（金田一ら 1988: 1281）などの記述もみえるが、日本語点字は文
　　字であり言語ではないので、「補助的言語」とする点も不可解である。
3　国際音声字母。

のべられず、墨字のみの記述となっている。点字については、「公共サービス」では普通つかわれない漢点字について1ページ分だけ説明がされているが、公共サービスでつかわれている点字かな専用文についての記述はない。

　このように、事典類や概説書にみられる日本語点字のあつかわれかたはさまざまであり、点字を文字と定義するものもあれば符号とするものもある。また、「日本の文字」としてはいっさいとりあげられない場合もある。これは刊行される時代による制約もあるだろう。また、辞典類や概説書であっても、かきてや編者の方針によって事項の選定や記述にことなりがあらわれるのは当然のこととはいえるだろう。とはいうものの、たとえば漢字やひらがな、カタカナが「日本語学」や「文字」の辞典・事典類、概説書、啓蒙書でいっさいとりあげられないとか、符号であると定義されたりすることはかんがえにくい。点字と墨字のあつかいには非対称性があり、点字にかんする記述は墨字にくらべて欠陥があったり情報量がすくなかったりする。現在もまた、日本語文字・表記研究は、墨字・漢字かなまじり文が研究の中心なのである。

　日本語点字は触読文字であり、基本的には漢字を使用せず、かな専用文であるという特徴がある。墨字とならんで行政サービスにも採用されているにもかかわらず日本語点字が文字論・表記論の観点から研究されることがすくなかったせいで、かな専用文でかかれた文章にかんする研究は墨字漢字かなまじり文の研究にくらべておくれている。そのため、「漢字かなまじり文でないと日本語はかけない」「漢字がないと同音異義語でこまる」「漢字がないと日本語文は情報量がへる」などという幻想にとらわれ、かな専用文を漢字かなまじり文とくらべて「おとったもの」とおとしめる「俗説」[4]はあとをたたない。これは、かな専用文をつかいつづけてきた

4　「漢字不可結論」「漢字かな交じり文がかな専用文より優れている論」については Unger (2004: 1-12) により詳細に分析され、反論されている。日本語

日本語点字の文化や歴史、そして「カナモジカイ」に属するひとなど、いまも活動をつづけるかな専用論者の主張を検証もせずに排除しようとするものである。そしてそのような文字論・表記論的には妥当とはいえない世間の「俗説」にたいして日本語学文字論・表記論研究者は抵抗しきれていないのではないか。そして墨字漢字かなまじり文にかんする研究が中心であったため、結果的にそのような「俗説」を強化してしまうような面もあったのではないか[5]。

　マンガやライトノベルなどという新しい文芸分野からうまれた表記の工夫・開拓、電子情報機器の発達による文字へのアクセス方法の多様化、漢字・かなまじり文・「現代かなづかい」使用者以外の文字マイノリティの存在を考察から排除することの不当性をうったえる社会言語学研究の蓄積、などのさまざまな要因から日本語文字・表記はあらためて検討が必要となっている[6]。そのなかで「現代仮名遣い」をはじめとする日本語表記法に

　　　訳としてアンガー・奥村 (2007) がある。
5　　このような「俗説」は、文筆家などの影響力のつよいとかんがえられる人物などが日本語に関する文章などでのべている場合もあり、また日本語学者がそのような記述をしているものもみうけられる。たとえば庵 (2014: 87) では、「日本語習得にとって、漢字がネックであるという認識は明治時代から存在する。かな文字運動やローマ字運動はその流れの中で生まれたものと理解できよう。筆者は漢字全廃論者ではないし、一定の漢字を使うことは日本語の書記コミュニケーションにとって必要なことであると考えている」とのべるが、ここでいう「日本語の書記コミュニケーション」には、かな専用文を使用する日本語点字が考慮にいれられていない。
6　　電子情報機器の発達や、社会言語学者による文字マイノリティの「発見」により、文字使用の多様「化」が論点となっているということも可能かもしれないが、近代日本語文字・表記のありようもさまざまな差異があり、文字を使用するひとのありかたは多様であったことは本研究でしめしたとおりである。文字使用のありかたは多様「化」したのではなく、もともと多様であった。「墨字・漢字かなまじり文・「現代仮名遣い」を習得し、使用するのが当然である」という文字マジョリティのイデオロギーにおおいかくされ、議論

かんする施策に改定のうごきがでてくることもあるかもしれない。そのとき、日本語学文字・表記研究の蓄積は参照される必要がある。

3. だれのための日本語文字・表記研究か

　ここで、日本語文字・表記研究は「だれのための」研究分野なのであろうかとといかける必要がある。文字・表記研究は言語機能的な面からのほかに、それがどのようなひとにより、どのようにつかわれたか、どのような規範性をもち、どのように社会に影響をあたえたのかという社会的・文化的・政治的な面からの考察もおこなわれている。国語国字問題にかんする研究などがそれにあたる。しかし、いままでおこなわれてきたそれらの研究は、「だれのための」研究であったか。

　文字は、それをつかいこなせるひとにとっては便利で、なくてはならないものとなっているかもしれない。しかしながら、それを習得しないひとにとっては、文字による情報へのアクセスはむずかしい。また情報の発信をするさい、あたかも当然のことのように文字をもちいることを要求するのであれば、それもおおくの困難をともなう。文字を使用しないひとや限定的に文字を使用するひとへの配慮をかいたまま、社会が個人にたいして、たったひとつの規範にしたがって文字による情報のやりとりを要求するのであれば、文字をつかうひととつかわないひととの分断がおこる。このような文字の使用と不使用あるいは限定使用との分断については、すでにいくつかの論考がある。漢字および漢字かなまじり文の習得の困難さと、漢字をつかわないひとが社会的な不利益こうむる「漢字という障害」の問題を指摘し、その習得の困難さにもかかわらず漢字かなまじり文はかな専用

されることがすくなかっただけである。

文などとくらべて機能的にすぐれていて、当然習得するべきであるという漢字イデオロギーへの批判をしたものとして、あべ (2002)、あべ (2010) や、野村 (2008)、ましこ (2002)、ましこ (2004)、ましこ (2008)、ましこ (2012) がある。また、漢字のみならずよみかき能力全般についても、これまでの日本の識字運動が「識字を前提とする社会」や「識字に価値をおくこと」を肯定することによって、日本社会のなかで非識字者として生活することでこうむる不利益について、社会の問題としてとらえ改善をこころみるかわりに、非識字者が非識字者としていきることを否定し、非識字者個人の努力で規範的文字・表記システムを習得するようにせまるという非識字者差別をふくんでいたことへの批判は、かどや・あべ (2010) がある。

　文字をよむとき、触読をしたり、視読をしたり、文字を音声に変換して耳でよんだりというさまざまな方法がある。また、文字・文章をかくときは手にペンをもって書字するばあいもあるし、電子機器による文字入力方法もさまざまにある。文字をよむとき、かくときには、からだをもちいる。そして、その文字をもちいるひとのからだのありようはさまざまである。そのなかには視覚に障害があるひと、聴覚に障害があるひと、手でペンをもつことができないひと、ひだりてで字をかくひと、などといったおのおのからだのありようにあわせた文字生活をおくっているひとびとがいる。そしてこのようなからだのありようによっては、残念ながら文字生活に制限をうけ、社会的な保障が十分でない場合もある[7]。また、漢字かなまじり

7　日本語点字使用者が日本語墨字使用者とまったく同等の文字生活を保障されているわけではなく、自筆遺言書の効力などに制限があることは、第 2 章でのべた。また、ひだりききやみぎてでペンがもてないひとなど、ひだりてで書字をするひとびとがひだりてで字をかくための適切な書字教育が保障されておらず、それどころか書写教育・国語教育や日本語教育の場で規範的な筆順やとめはねやペンのもちかたなどを強要されることにより、わざわざかきにくい字のかきかたをしいられる状況や、「ただしい筆順」指導の過度な

文が未習得であるひとへの配慮も、生活するうえでいきとどいているとはいいがたく、さらに「日本人の識字率は99％」などという根拠のない幻想が蔓延することで、文字をつかわないひとや文字の使用が限定的であるひとへの配慮の不十分さが認識しにくくなっている[8]。
　「万人にとってよみやすい文字・表記」というものは存在しない。あるひとにとっては触読文字がよみやすく、あるひとにとっては視読文字がよみやすい。漢字かなまじり文になれたひとにとってはかな専用文はよみにくいとかんじることもあるだろうが、わかちがきをしたかな専用文を日常的につかっているひともいる。よみやすいもしくはかきやすいフォント、文字のおおきさ・色も、よみてのからだのありようやよむ場面におおきく左右される[9]。文字情報へのアクセスのしやすさについてかんがえる場合、たったひとつの「万人にとってよみやすい文字・表記システム」をさがすのではなく、さまざまなひとのからだや心情のありかたに配慮した多様な文字情報の提供方法と発信の機会を保障することである。もちろんそこには、文字をつかわないひとびとが日本社会の中でなにも不便をかんじることなくくらしていくことへの保障もふくむ。
　しかしこのような配慮はひろく浸透しているとはいえない。そして、現在のかな専用文使用者もしくは歴史的かなづかい使用者など、漢字かなま

　　重視によって、ひだりて書字者の国語教師や日本語教師への就業が暗黙のうちに制限されることもある現状については、なかの (2008)、なかの (2011) でのべた。このように、現状の日本社会では文字生活はすべてのひとにひとしく保障されているわけではない。

[8]　「日本人の識字率は99％」という幻想を批判し、よみかきができて当然とおもいこむ識字社会で非識字者がうける社会的な不利益を分析したものとしては角 (2012) がくわしい。

[9]　これに関連するものとしては、たてがきかよこがきかで文字のよみやすい／かきやすい書体は変化することは、書写教育の分野から指摘があり、史的研究もある (羽田 1997)。また、文字のよみやすさと色の関連については、色覚障害について考察した、當山 (2005) といった研究がある。

じり文や「現代仮名遣い」をもちいないという主張をするひと、日本語を漢字やかなではなくラテンローマ字などで表記しようというこころみをするひと[10]の文字情報の共有や社会での共生の方法についても、考慮されていない現状があろう。そのため、からだのありかたや主義主張などの面で墨字・漢字かなまじり文・「現代仮名遣い」による文字・文章を使用する「ふつう」のひとからはずれた場合、生活するうえでなんらかの不利益をこうむることもおおい。

　このような状況のなかで、晴眼者の音声日本語使用者で墨字・漢字かなまじり文・「現代仮名遣い」習得ずみの人間のみを日本語文字使用者と想定した文字・表記研究ばかりでは、研究の名のもとに、現状にある文字によるひととひととの分断について無力であるばかりか、さらにふかめていくこととなるだろう。これからの文字・表記研究は、文字と接するひとびとのからだや思想・心情のありようの多様性を当然の前提としておこなわれる必要があるとかんがえる[11]。それはつまり、「日本語の文字」というと

10　本研究では日本語ローマ字表記についてはふれることはできなかったが、日本語ローマ字表記による教育の可能性についてはアンガー（2001）がくわしい。また、日本語ローマ字表記運動の歴史については、茅島（2012）が参考となる。

11　また、これは日本語学文字・表記研究にのみあてはまることではない。たとえば、日本語点字の文節わかちがきは、形容詞の「ない」と助動詞の「ない」を区別する必要があるなど、文法知識が必要となる。そのさい、わかちがきの根拠となるものはいわゆる「学校文法」である。日本語文法研究の発展により、学校文法のみなおしがおこなわれるなどというときは、わかちがきをおこなわない墨字漢字かなまじり文使用者よりも直接に影響をうける日本語点字使用者のへの影響を考慮し、丁寧な対話が必須となるであろう。ちなみに、日本語学研究者によるわかちがき研究である野村（1986）が、日本点字委員会より発行されている雑誌『日本の点字』13号に掲載されている。

　　また、点字使用者で、これから日本語を学習しようというとき、よみ・かき技能には、学校文法準拠の日本語点字のわかちがき法の知識が必要となる。

き、墨字・漢字かなまじり文や「現代かなづかい」のみをとりたて、文字使用者として「健常者」のみを想定するという姿勢をあらためることである。

とくに、公共サービスや公教育用文字として採用されている日本語点字を、日本語文字論・表記論の考察から除外したり「点字は障害学・福祉学の分野で研究するものであって日本語文字・表記論の対象としてはそこまでとりあげるひつようはない」というように周辺化しつづけるのであれば、事実上はマジョリティ日本語学、健常者日本語学という限定つきの研究分野が、無冠無標の「日本語学」を僭称していることになるのである。

最後に、2013年11月1日、点字の日に発表された「未来へ点字をつなげる宣言」を紹介したい。この宣言は点字、音声、日本手話、日本語字幕、墨字とさまざまな形態で提供されており、多様な手段での情報の受信が可能となっていることが、おおきな特徴といえるだろう[12]。以下に冒頭のみ、引用して本書のしめくくりとする。

> この宣言を、ルイ・ブライユと、日本および世界中の、点字に携わってこられた全ての人に捧げます。今を、そして未来を共に生きる人が、自分のコミュニケーション方法で、この宣言と出会えるよう、願いを込めて、今ここに宣言をします。
>
> 人は意志や気持ちを伝えあいながら共に歩んできました。
> そして、この世界には、さまざまな言語や文字などの伝達方法を

日本語教育文法によって日本語学習をする日本語学習者にたいしては、わかちがきにかかわる学校文法の説明が別途必要となろう。

[12] この宣言の全文がよめるサイトが用意されており、またここから各形式のデータのダウンロードが可能である。また、手話動画のYouTubeへのリンクもはられている。http://urx.nu/8DeB

使う人がいます。

　「未来へ点字をつなげる宣言」は、次の「三つの宣言」を行います。
　第一に、点字は正統な文字の一つであることを宣言します。
　第二に、点字は情報を伝える言葉であり、情報は命であることを宣言します。
　第三に、過去から今、そして未来へ、希望を灯す行動の宣言をします。

　この宣言が、未来への希望の灯火となるよう願いを込めて、私たちはこれから意思と気持ちを表します。
　　　　　　　　　　　　（2013 年 11 月 1 日「未来へ点字をつなげる宣言」）

【参照文献】
あべ・やすし（2002）「漢字という障害」『社会言語学』2
あべ・やすし（2010）「日本語表記の再検討──情報アクセス権／ユニバーサルデザインの視点から」『社会言語学』10
アンガー, J. マーシャル（2001）『占領下日本の表記改革──忘れられたローマ字による教育実験』（三元社）
アンガー, J. マーシャル、奥村睦世／訳（2005）「漢字をめぐる 6 つの迷信」『社会言語学』5
庵功雄「これからの日本語教育において求められること」『ことばと文字』1（くろしお出版）
沖森卓也・笹原宏之・常盤智子・山本真吾（2011）『図解　日本の文字』（三省堂）
かどやひでのり（2012）「識字／情報のユニバーサルデザインという構想──識字・言語権・障害学──」『ことばと社会』14
かどやひでのり・あべ　やすし（2010）『識字の社会言語学』（生活書院）

茅島篤（2012）『日本語表記の新地平——漢字の未来・ローマ字の可能性』（くろしお出版）
金田一春彦・林大・柴田武（1988）『日本語百科大事典』大修館書店
河野六郎・千野栄一・西田龍雄（2001）『言語学大辞典　別巻　世界文字辞典』（三省堂）
国語学会（1980）『国語学大辞典』東京堂出版
国立国語研究所（2007）『新　「ことば」シリーズ20　文字と社会』（ぎょうせい）
蔡錦雀（2003）「国語教育即日本語教育ならず」『国立中央図書館台湾分館蔵　台湾教科用書　国民読本』（久留米大学）
佐藤喜代治（1977）『国語学研究辞典』（明治書院）
角知行（2012）『識字神話をよみとく——「識字率99％」の国・日本というイデオロギー』（明石書店）
なかのまき（2010）「書字教育と書写教育——書写・書道教育の社会言語学序説」『社会言語学』10
なかのまき（2008）「左手書字をめぐる問題」『社会言語学』8
日本点字委員会（1986）「「改定現代仮名遣い（案）」に対する日本点字委員会からの要望の件」『日本の点字』13号
野村雅昭（2008）『漢字の未来　新版』（三元社）
野村雅昭（1986）「複合語の構成と分かち書きの問題」『日本の点字』13
羽田伸子（1997）「明治期における横書き書字に関する考察（二）——新国字論における横書き採用の主張」『書写書道教育研究』8
飛田良文・遠藤好英・加藤正信・佐藤武義・蜂谷清人・前田富祺（2007）『日本語学研究事典』（明治書院）
福田恆存（1960）『私の国語教室』（新潮社）
ましこ・ひでのり（2012）「日本語漢字とリテラシー」『ことばと社会』14
ましこ・ひでのり（2008）「日本語ナショナリズムの典型としての漢字論——近年の俗流言語論点描（その5）——」『社会言語学』8
ましこ・ひでのり（2004）「ことばの差別と漢字」『朝倉漢字講座5　漢字の未来』（朝倉書店）
ましこ・ひでのり（2002）「現代日本語における差別化装置としてのかきことば——漢字表記を中心に——」『社会言語学』2
ましこ・ひでのり（1997）「リロンの　ジッセン・レー　「ジユー・シュギ　シカン」お　めぐる　チシキ・シャカイガク」『イデオロギーとしての日本——「国語」「日本史」の知識社会学』（三元社）

丸谷才一（1983）「言葉と文字と精神と」『日本語の世界16　国語改革を批判する』（中央公論社）
矢田勉（2012）『国語文字・表記史の研究』（汲古書院）
Unger, J. Marshall（2004）"Ideogram Chinese Characters and the Myth of Disembodied Meaning" University of Hawai'i Press

あとがき

　本書は、2014年に国学院大学に提出した博士論文『近代における墨字日本語・国語教科書と点字国語教科書のかなづかいの研究』を加筆・訂正したものである。刊行にあたり、国学院大学の出版助成を受けた。また、この研究の一部は、2010年〜2012年度科学研究費補助金若手研究（B）「近代日本語「点字資料」を用いた仮名遣い改定史の調査研究」（課題番号：22720188）の助成をうけたものである。

　本書の内容は、日本語点字を資料としてもちいた日本語文字・表記研究に位置づけることができるだろう。これまで、日本語点字がこのような研究の資料としてもちいられることはほとんどなかったといえるだろう。また、日本語点字を専門とする日本語文字・表記研究者というものに、私はであったことはない。それではなぜ、私が点字の研究をはじめたのか、としばしばとわれることがある。

　私は明治期から昭和の初頭までのかなづかい改定論について興味をもっており、「現代かなづかい」以前の表音主義的かなづかいについて調べていた。そのなかで、現行の規範的な表記として棒引きかなづかいを使用する日本語点字に興味をもったのは、ただたんに研究をおこなううえで、ごく当然の研究上の経緯であったからだとしかいいようがない。日本語点字の骨子となる点字かなを考案した石川倉次はかなもじ論者であり、そして口語文典をしるしていることは、日本語学の研究者にとってもよくしられている。そのような経緯をふまえれば、点字のかなづかいについて興味をもつことはさほど不思議ではない。そしてしらべていくうちに日本語点字はかな専用文であり文節わかちがきをもちいるという表記の特徴についてしるようになり、墨字漢字かなまじり文のみを研究しているのは、それは「日本語学」の「文字論・表記論研究」としてはかたよっているのではな

いかとかんがえるようになった。

　日本語点字は、日本語墨字と平行して使われる文字表記システムである。日本語文字・表記論およびその史的研究をかんがえるうえでは当然研究される必要がある。しかしながら実際の資料を使った調査はほとんどすすんでいないといえる。一般論として、調査をすればなんらかの成果をえられるだろうという予測がなりたつ、にもかかわらず研究があまり蓄積されていないからであるといえば、ある一連の資料群を日本語学の研究対象としてとりあげる理由としては十分であろう。

　しかしながら、「なぜ点字の研究をはじめたのか」ととわれたとき、その理由について上記のように「正直」にこたえたとき、あまりすんなり納得されず、そのこたえに満足されない場合がある。具体的にはたとえば「ひょっとしてご家族やおともだちやボーイフレンドが視覚障害者なのか？」などという研究のきっかけとなる特別な「物語」をもとめられることがあった。「ある資料群を研究をする理由」として、研究上の必要性や妥当性以外に、別途「物語」を要求するのは、日本語学分野において当然研究されるべきであるはずの日本語点字研究を結果的に「特殊なもの」として周辺化しようとするうごきに加担することになる。私はそのための特別の「物語」をかたりたくはない。私の家族やともだちやガールフレンドが点字使用者なのかというといについては、「はい」とも「いいえ」ともこたえるべきではないとかんがえる。

　点字の研究を始めたことに研究上の理由以外の特別の理由をかたるべきではない。しかし、それ以前に、私が文字の研究に興味をもったきっかけはについては、かたる必要があるだろう。私は左手利きであり、日常的に左手で書字をしている。学校国語科書写の時間にならうような「正しいペンのもちかた」「正しい筆順」「正しいとめはね」などといった規範にしたがえば、とても字がかきにくいとかんじている。私がかきやすいとかんじた書字ストロークをつかってかいた私のてがきの字は、規範的な「ととのった字」からはおおきくはずれている。そのような状況で、「まちがっ

た筆順」を非難し、「きたない字」や「きたない字をかくひと」をかげで
揶揄するようなことが日常的におこなわれていた場に、いごこちの悪さを
かんじたためである。そこではさらに字が「きたない」ひとにたいして
「ていねいに字をかく努力をしていない」「創意工夫がたりない」「字が汚
いひとは心もきたない」などという人格否定[1]にまでおよぶこともあった。

　もちろん、左手書字をおこなうひとでも、努力と創意工夫で「ととのっ
た字」をかくひとはおおくいる。そのようなひとからくらべると、私は努
力をおこたった怠惰な人間であるといえるだろう。しかし、それもいささ
かアンフェアなもののいいかたではないだろうか。日本語の墨字漢字・か
なは、もともと右手書字につごうのよいつくりになっている。「正しいペ
ンのもちかた」「正しい筆順」「ただしいとめはね」も右手書字者のもので
あり、それをおしつけてきた国語科書写教育は、左手書字者への教育的
配慮をかいている[2]。そのような状況で、左手書字者に、「右手書字者なみ」
であることを要求するのは不当であろう。このような観点から、私は論文
「左手書字をめぐる問題」をかき、雑誌『社会言語学』へ投稿した[3]。そし
てできあがった論文を私（やほかの字が"きたない"とされるひと）の字

---

1 「字をみればかいたひとの人となりや性格、そのときの心のありようまでわ
かる」というようなかんがえかたは、筆跡診断などとよばれているが、心理
学的なうらづけのないものであり、字のかたちで人の性格をむやみに判断す
ることについての危険性は古澤照幸『ニセ心理学にだまされるな！』（2007・
同友館）で警告されている。
2 左手書字児童・生徒には現状の書字指導のありかたは無効であることは以前
から指摘もあり、書字指導法の研究は書写教育研究の場でおこなわれている
が、実際の教室での指導法にまではまだ到達していない。また、とめはね・
筆順・字体の書字指導については、「たった一つの正解」をもとめる必要が
ないということは、小林一仁『バツをつけない漢字指導』（1998・大修館書
店）によってのべられているが、実際には教室内では「たったひとつの正し
さ」をもとめる規範主義的な書字指導が主流であるといえるだろう。
3 なかのまき（2008）「左手書字をめぐる問題」『社会言語学』8。

を非難したひとによんでもらったところ、その反論として、「左手で字がかきにくければてがきの字をかかなければよい。情報機器の発達した現在、てがきの字をかかなくてもそんなに困らないだろう」といわれ、私は自分の論文を否定された。そしてその年の暮のことであった、私の論文を無化した当人が私に向かって「社会的地位のたかいひとへの年賀状のあてなは、ペンではなく毛筆でかかないと失礼である」というようなことをもうしたてきた。ペンでは失礼というのであれば、パソコンで宛名を作成してプリンターで印字するのはもっと失礼にあたると推測される。しかし、ペン以上に毛筆では左手で字がかきにくい。

このようによみやすさ・かきやすさなどといった実用面から飛躍した、「正しい筆順」や「美しい文字」「格式の高い毛筆でかかれた字」に過剰に意味をもたせる文化に拘泥するひとびとがいること、そしてうまれつきの身体の都合を考慮しない文字の社会的な暴力性に興味をいだくようになり、私は文字論に興味をもつようになった。

そのなかで、私はあべ・やすし氏の「文字・表記のユニバーサルデザイン」というかんがえかたにであった。文字は便利なものであり、情報とひと、ひととひとをつなぐコミュニケーションの手段のひとつである。しかしながら、このように文字は「ひとをつなぐ」ものでありながら同時に、文字をつかうひとと、文字をつかわないひと／限定的につかうひととを分断するものでもある。そして、ひととひと、ひとと情報を分断してしまう、「人を分断するものとしての文字」についてかんがえるようになった。左手書字にかかわる問題もこのなかにふくまれるが、それだけではなく漢字という障害[4]、てがき文字におおきく意味をあたえ習得を必須のものとしてせまること[5]、日本語文字・表記について考察するとき墨字のことしかおも

---

4 「漢字という障害」については本文中でも第 10 章などでふれている。
5 なんらかの事情により手でペンをにぎれないひとなど、てがき文字から除外されているひとはこの社会にかくじつに存在しているにもかかわらずそのよ

いうかべないで、点字の存在を無視して「日本語の文字」についてかたること。さまざまなかたちで、文字とその文字をささえる社会はひとを抑圧している。そして文字をつかうひとと、文字をつかえないひとあるいは限定的につかうひととを分断していることをしった。

　このような文字の暴力性にきづかず、あまりふかくかんがえないまま、墨字使用者である文字の研究者がマイノリティ文字である点字をあつかうのであれば、墨字研究のために都合よく点字資料を利用することとなるだろう。本文の第10章で、日本語学の文字論・表記論研究は墨字が中心であったとのべた。私の博士論文も、棒引きかなづかいという観点から日本語点字資料を分析したものであり、あくまでも墨字資料を中心としてそえもののように点字資料についてあつかい、分析したものであった。近代の点字資料は、歴史ある視覚特別支援学校などの資料室で大切に保管されてきたものである。その点字資料は紙の一部分をおしてうきたたせた触読文字であり、墨字資料よりも摩耗の危険がたかいものである。そのようなあつかいのむずかしい資料を、当時は点字もろくによめなかったような無名の大学院生であった私が、直接手にとってひらいてみることを許可してもらうことができた。そして光をあてて写真撮影をさせてもらった。その研究は「墨字のための研究」であってはいけないとかんじるようになった。出版にあたって、「墨字のための点字資料の分析研究」であった博士論文を、日本語点字のための文字論・表記論研究となるようにかきあらためたつもりでいるが、それがどれだけ成功しているかはこころもとない部分もある。点字を文字としてつかうひとからの意見や批判がいただければさいわいである。

　今回調査に使用した点字資料のおおくは、雑司が谷の筑波大学附属視覚

うなひとを慮外におき、「てがきの字」の重要性をとくことの問題点については、『識字の社会言語学』（生活書院・2010）第3章「てがきもじへのまなざし――文字とからだの多様性をめぐって」でくわしくのべられている。

特別支援学校資料室に所蔵されていたものである。そこで、資料室の担当である岩崎洋二先生に、本務の合間をぬっておおくの点字関連資料を紹介していただいだ。そして同資料室の蔵本である『点字大阪毎日』の調査資料としての使用許可を毎日新聞社からすぐにえることができた。また、日本点字図書館や、京都府立盲学校でも、さまざまな点字関係資料の閲覧の機会にめぐまれた。長時間にわたりさまざま資料の説明をしてくださった岸博実先生をはじめ、多くの方にお世話になった。いきなりやってきた面識もない大学院生をこころよくうけいれ、大事に保存してきた貴重な点字資料の調査をさせていただいたことに、いくら感謝をつくしてもつくしきれないおもいである。

　そして点字研究をつづけてよいのかまよう私の背中をおしてくださった指導教授の諸星美智直先生、そしてこのようなあまり研究の蓄積のない研究分野に理解をしめしてくださった久野マリ子先生、シュテファン・カイザー先生に博士論文の査読していただけたことはさいわいである。

　この論文の執筆にあたって、この他にもさまざまな方にお世話になった。点字資料をよむことができなかった私は、科学研究費補助金をえたことで研究をおおきくすすめられることが可能となった。はじめての競争的資金の申請でとまどう私に、研究上の有益なアドバイスをくださった齋藤達哉先生のおかげで、私は点字の研究をすすめることができるようになった。また点字資料から墨字データへの翻字作業をしてくださった安室早姫氏（明治大学学生）、池田美紗氏（東洋大学学生）、長谷部亮治氏（日本大学学生）、点字資料の写真画像処理をしてくださった須藤梨沙氏、点字資料整備に助力をいただいた宗雅子氏、論文の草稿の誤字脱字等のチェックをしてくださった色川大輔氏（国学院大学大学院生）、小林美紗氏（国学院大学大学院生）、富岡宏太氏（国学院大学大学院生）、中村明裕氏（国学院大学大学院生）、論文執筆中おりにつけてはげましてくれた中野よしこ氏（モルモット）、学部を卒業したのちも就職もしないで大学にかよいつづけていた私に「教員免許でもとってみたら」などと将来の心配をしつつ、「教育実習のときに左き

きは指導教官にいじめられるときくからいやだ」とくちごたえしてくるような私をみまもっていてくれていた両親と、そして本研究着手のきっかけをくれた大学院時代の同期たちに感謝したい（所属は博士論文執筆当時のもの）。

　そして、出版事情の厳しいおり、このような研究の蓄積がまだあまりない分野の博士論文の出版を決断してくださった三元社、書籍化にあたりくちぞえをいただき、加筆・訂正にあたってのアドバイスをくださった中京大学教授ましこ・ひでのり氏に感謝する。

　最後に、大学院生であった私に、温厚な笑顔で、しかしきびしく指導をしてくださった遠藤和夫先生に、博士論文の提出がおくれてしまったことをふかくおわびもうしあげながら本書をささげたいとおもう。遠藤先生の演習の時間にはさまざまな写本・版本のコピーや時には文献原本にふれることができ、翻刻もされていないような文献資料を分担して読解するという訓練をうけた。あまり文字もよくよめない状態で未知の貴重な古い点字資料にものおじせずにむきあうことができたのは、このときの経験のおかげである。

2014年8月　なかの・まき

❋ 資料編 ❋

筑波大学附属特別支援学校資料室蔵

『点字　尋常小学国語読本』第2巻（一部抜粋）

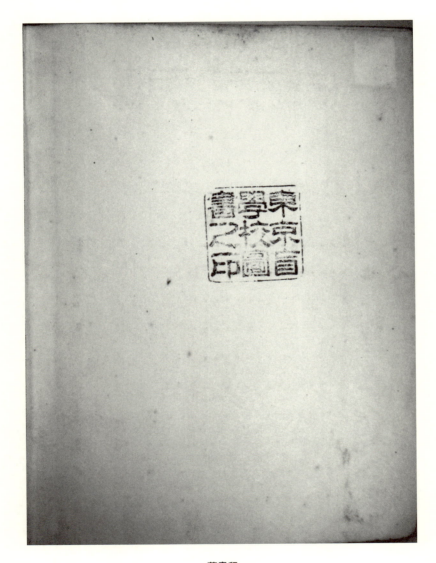

蔵書印

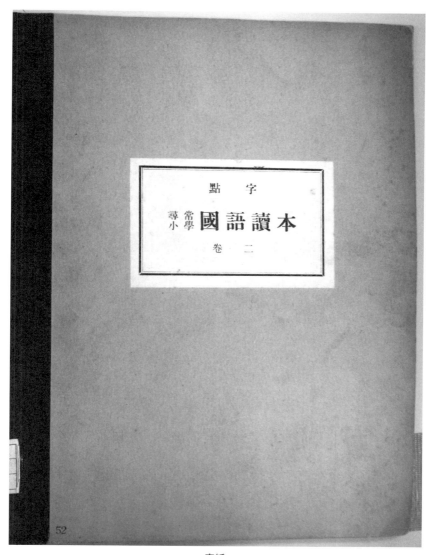

表紙

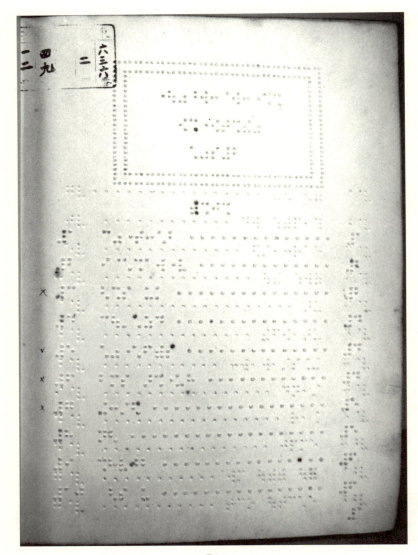

P1

じんじょーしょーがく
こくごとくほん
かんの2

もくろく
1　うんどーかい　・・・・・・・・・・・1
2　おきゃくあそび　・・・・・・・・・
3　きくの　はな　・・・・・・・・・・2
4　うしわかまる　・・・・・・・・・・4
5　かんがえもの　・・・・・・・・・・4
6　いぬの　よくばり　・・・・・・・・4
7　ゆーやけ　・・・・・・・・・・・・5
8　つき　・・・・・・・・・・・・・・5
9　くりひろい　・・・・・・・・・・・6
10　きの　は　・・・・・・・・・・・6

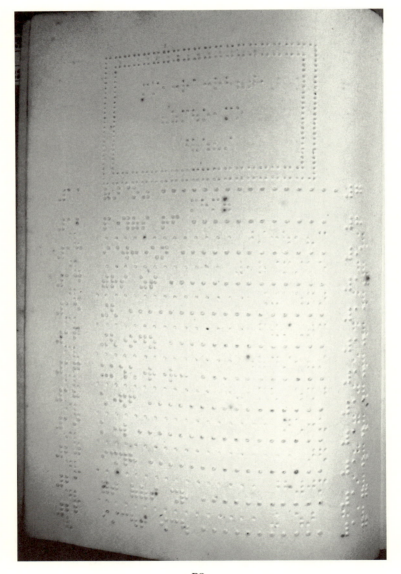

P2

11	みよちゃん	・・・・・・・・・・・7
12	ねずみの　ちえ	・・・・・・・・8
13	おしょーがつ	・・・・・・・・・9
14	もちの　まと	・・・・・・・・・10
15	ゆき	・・・・・・・・・・・・・・11
16	ゆきだるま	・・・・・・・・・・12
17	はなさかぢぢー	・・・・・・・・12
18	かげえ	・・・・・・・・・・・・15
19	なぞ	・・・・・・・・・・・・・16
20	おくすり	・・・・・・・・・・・16
21	めと　みみと　くち	・・・・・・・17
22	おやうしと　こうし	・・・・・・・17

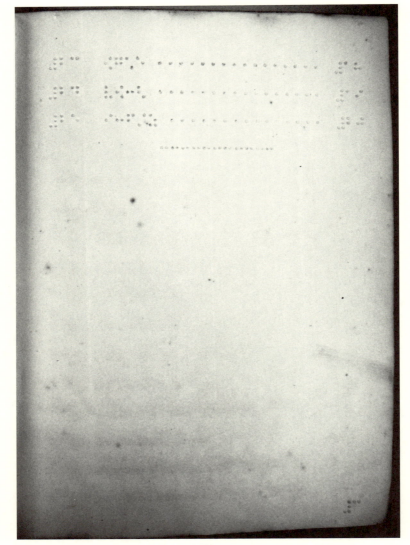

23　これから　・・・・・・・・・・・・１８
24　ひこーき　・・・・・・・・・・・・１９
25　おーえやま　・・・・・・・・・・・２０

・・・・・・・・・・・・・・・・・・・・・・

P4

あ　い　う　え　お　　か　き　く　け　こ
さ　し　す　せ　そ　　た　ち　つ　て　と
な　に　ぬ　ね　の　　は　ひ　ふ　へ　ほ
ま　み　む　め　も　　や　い　ゆ　え　よ
ら　り　る　れ　ろ　　わ　ゐ　う　ゑ　を
ん
が　ぎ　ぐ　げ　ご
ざ　じ　ず　ぜ　ぞ
だ　ぢ　づ　で　ど
ば　び　ぶ　べ　ぼ
ぱ　ぴ　ぷ　ぺ　ぽ

　1　　うんどーかい
　これわ　うんどーかいのえです　いろいろな　はたが
かぜに　ひらひらして　います
　いま　つなひきの　まっさいちゅーです
　ごらんなさい　みんなが　ちからを　いれていっしょー

1

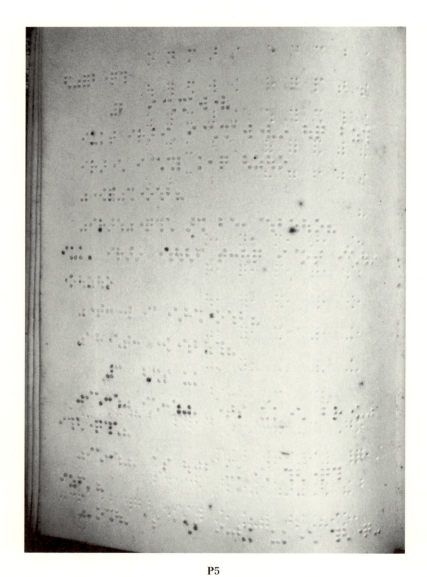

P5

けんめいです
　　　　2　　おきゃくあそび
　おはなと　おちよが　おきゃくあそびを　して　います
　おちよが　おきゃくになって　きました
「ごめんください」
「おちよさんですか　よく　いらっしゃいました」
おはなわ　おちよを　おざしきに　とーして　おちゃと　おかしを
だしました
　　　「どーぞ　おあがりください」
「ありがとー　ございます」

　　　　3　　きくの　はな
「おかーさん　おかーさんわ　どの　はなが　いちばん
おすきですか」
　　　「おかーさんわ　あの　しろい　はなが　すきです
おまえわ」
　　　「わたくしわ　あの　あかいおーきな　はなが　すきで

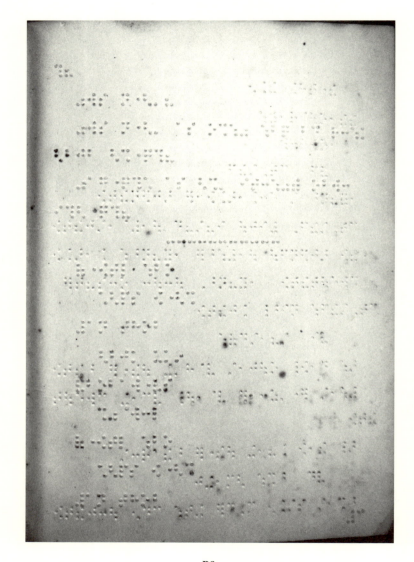

す」
　「その　つぎわ」
　「その　つぎわ」
　「その　つぎわ　あの　たくさん　さいて　いる　ちーさな　きいろい　きくです」
　「あれですか　あの　きくわ　おとーさんも　たいそー　おすきです」
——————————
　みごとに　さいた
　　　かきねの　こぎく
　1つ　とりたい
　　　きいろな　はなを
　へいたいあそびの
　　　くんしょーに
　みごとに　さいた
　　　かきねの　こぎく
　1つ　とりたい

3

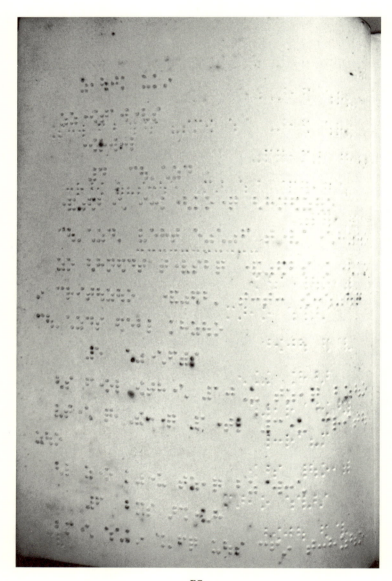

P7

まっしろな　はなを
　　　ままごとあそびの
　　　　　ごちそうに
　　　　4　うしわかまる
　べんけいが　おーなぎなたで　きりつけました
　うしわかまるわ　ひらりとらんかんえ　とびあがりました
　また　きりつけると　とびのいて　べんけいの　なぎなたを　うちおとしました　べんけいわ　とーとー　こーさんして　うしわかまるの　けらいに　なりました
　　　　5　かんがえもの
　きの　えだに　ことりが　10ぱ　とまって　いました
　ひとが　てっぽーで　1どに　3ば　うちおとしました
　きに　まだ　なんば　とまって　いましょーか
　　　　6　いぬの　よくばり
　いぬが　さかなを　くわえて　はしの　うえを　とーりました

P8

したを みると かわの なかにも さかなを くわえた いぬが います その さかなも ほしく なって わんと ひとこえ ほえました

　　ほえると くちが あいて くわえて いた さかなわ かわの なかえ おちて しまいました

　　　　7　　ゆーやけ

　　　ひが はいりました

　　　ひとが ぼつぼつ たんぼから かえって きます

　　あちらの そらが まっかに なりました

「ゆーやけ　こやけ

　　　あした てんきに なーれ」

　　こどもが おーぜい おもてで いっしょに うたって います

　　　　8　　つき

　　ねーさん でて ごらんなさい つきが ではじめました まつの きの あいだが だんだん あかるく

引用文献一覧

あべ・やすし（2002）「漢字という障害」『社会言語学』2
あべ・やすし（2010）「日本語表記の再検討―情報アクセス権／ユニバーサルデザインの視点から」『社会言語学』10
天野清（1986）『子どものかな文字の習得過程』（秋山書店）
アンガー，J. マーシャル（2001）『占領下日本の表記改革――忘れられたローマ字による教育実験』（三元社）
アンガー，J. マーシャル、奥村睦世／訳（2005）「漢字をめぐる6つの迷信」『社会言語学』5
庵功雄「これからの日本語教育において求められること」『ことばと文字』1（くろしお出版）
井口佳重（2009）「明治・大正期における新聞の仮名遣い改革」『日本語の研究』5-2
井上敏夫（1958）「国語教科書の変遷」『国語教育科学講座 国語教材研究論』5（明治書院）
井上史雄（2006）「外来語の表記と発音の問題――エイを中心に」『明海日本語』10・11
遠藤邦基（2001）「特殊音節（撥音・促音・長音）の表記法――「はねる・つまる・引く」という説明が必要となったことの意味」『関西大学文学論集』50-3
大河原欽吾（1937）『点字発達史』（培風館）
大伴潔・Hirayama Monica（2008）「仮名特殊拍の書字困難への指導に関する予備的研究――音韻意識プログラムによる継時的変化」『東京学芸大学紀要　総合教育科学系』59
沖森卓也・笹原宏之・常盤智子・山本真吾（2011）『図解　日本の文字』（三省堂）
貝美代子（1991）「国定国語読本の奥付符号と使用年度」『日本近代語研究』1

柿木重宜（2007）「なぜ「棒引仮名遣い」は消失したのか――藤岡勝二の言語思想の変遷を辿りながら」『文学・語学』188

柿木重宜（2008）「国語国字問題における藤岡勝二の言語思想について――「棒引仮名遣い」から「ヘボン式ローマ字表記法」まで『滋賀女子短期大学研究紀要』33

柿木重宜（2013）「近代「国語」における「棒引き仮名遣い」の終焉――藤岡勝二に関わる文献学的アプローチを中心にして」『滋賀短期大学研究紀要』38

柿木重宜（2013）『近代「国語」の成立における藤岡勝二の果たした役割について』（ナカニシヤ出版）

葛西和美・関あゆみ・小枝達也（2006）「日本語 dyslexia 児の基本的読字障害特性に関する研究」『小児の精神と神経』46-1

かどやひでのり（2012）「識字／情報のユニバーサルデザインという構想――識字・言語権・障害学――」『ことばと社会』14

かどやひでのり・あべ　やすし（2010）『識字の社会言語学』（生活書院）

金子昭（2007）『資料に見る点字表記法の変遷――慶応から平成まで』（日本点字委員会）

茅島篤（2012）『日本語表記の新地平――漢字の未来・ローマ字の可能性』（くろしお出版）

金田一春彦・林大・柴田武（1988）『日本語百科大事典』（大修館書店）

釘貫亨（2007）『近世仮名遣い論の研究』（名古屋大学出版会）

国語学会（1980）『国語学大辞典』（東京堂出版）

国立国語研究所（2007）『新　「ことば」シリーズ20　文字と社会』（ぎょうせい）

蔡錦雀（2003）「国語教育即日本語教育ならず」『国立中央図書館台湾分館蔵　台湾教科用書　国民読本』（久留米大学）

佐藤喜代治（1977）『国語学研究辞典』（明治書院）

さねとうけいしゅう（1981）『中国留学生史談』（第一書房）

白石良夫（2008）『かなづかい入門　歴史的仮名遣 vs 現代仮名遣』（平凡社）

新谷嘉浩（2006）「小西信八の生涯」『日本聾史学会報告書』（4）

愼英弘（2010）『点字の市民権』（生活書院）

鈴木力二（1987）『伝記叢書 13 日本点字の父　石川倉次先生伝』（大空社）

銭本三千年（1975）「『点字毎日』の半世紀」『新聞研究』（290）

国立国語研究所（1972）『幼児の読み書き能力』（東京書籍）

国立国語研究所（1985）『国定読本用語総覧』1巻（三省堂）

角知行（2012）『識字神話をよみとく――「識字率99％」の国・日本というイデオ

ロギー』(明石書店)
高橋龍雄(1907)「過去四十年間における国語学界の概観」『国学院雑誌』13-2
武部良明『日本語表記法の課題』(三省堂)
東京盲学校(1935)『東京盲学校 60 年史』
當山日出夫(2005)「色覚異常者にカラー印刷の辞書はどう見えるか?——スキャナ画像データの利用をめぐる諸問題」『情報処理学会研究報告.人文科学とコンピュータ研究会報告』 2005 (105)
長岡由記(2008)「長音表記の音声化指導に関する一考察——エ列・オ列長音を中心に」『中国四国教育学会 教育学研究紀要』54
なかのまき(2008)「左手書字をめぐる問題」『社会言語学』8
なかのまき(2010)「書字教育と書写教育——書写・書道教育の社会言語学序説」『社会言語学』10
中野真樹(2007)「明治期日本語教科書『日語新編』の仮名づかいについて」国学院大学大学院紀要 文学研究科(39)
中野真樹(2010)松本亀次郎著『漢訳日本語会話教科書』の仮名遣い——長音表記を中心として」国学院雑誌 111 (1)
永山勇(1977)『仮名づかい』(笠間書院)
日本点字委員会(1982)「国語審議会への意見書」『日本の点字』10
日本点字委員会(1986)「国語審議会への要望書」『日本の点字』13
日本点字委員会(2001)『日本点字表記法 2001 年版』
日本点字研究会(1959)『点字文法』
野村雅昭(1986)「複合語の構成と分かち書きの問題」『日本の点字』13
野村雅昭(2008)『漢字の未来 新版』(三元社)
荻野貞樹(2007)『旧かなづかひで書く日本語』(幻冬舎)
長谷川恒雄(1993)「戦前日本国内の日本語教育」『講座日本語と日本語教育 15 日本語教育の歴史』(明治書院)
蜂矢真郷(2007)「「現代仮名遣い」の長音表記」『国語文字史の研究』10(和泉書院)
羽田伸子(1997)「明治期における横書き書字に関する考察(二)——新国字論における横書き採用の主張」『書写書道教育研究』8
林弘仁(2004a)「新資料 石川倉次の『台湾学生教授日誌』をめぐって」『久留米大学大学院比較文化研究論集』(15)
林弘仁(2004b)「石川倉次の国語研究」『久留米大学大学院比較文化研究論集』(16)

広瀬浩二郎（2010）『万人のための点字力入門——さわる文字から、さわる文化へ』（生活書院）
飛田良文・遠藤好英・加藤正信・佐藤武義・蜂谷清人・前田富祺（2007）『日本語学研究事典』（明治書院）
福田恆存（1960）『私の国語教室』（新潮社）
古田東朔（1984）『小学読本便覧』第 7 巻（武蔵野書院）
文化庁（2005）『国語施策百年史』（ぎょうせい）
堀越喜晴（1992）「点字における日本語表記法の問題」『応用言語学講座 4　知の情意の言語学』（明治書院）
松本敏治（2005）「平仮名読みに困難を示した 2 事例への読み指導——50 音表暗唱と対連合学習を用いて」『弘前大学教育学部紀要』94
ましこ・ひでのり（1997）「リロンの　ジッセン・レー「ジユー・シュギ　シカン」お　めぐる　チシキ・シャカイガク」『イデオロギーとしての日本——「国語」「日本史」の知識社会学』（三元社）
ましこ・ひでのり（2002）「現代日本語における差別化装置としてのかきことば——漢字表記を中心に——」『社会言語学』2
ましこ・ひでのり（2004）「ことばの差別と漢字」『朝倉漢字講座 5　漢字の未来』（朝倉書店）
ましこ・ひでのり（2008）「日本語ナショナリズムの典型としての漢字論——近年の俗流言語論点描（その 5）——」『社会言語学』8
ましこ・ひでのり（2012）「日本語漢字とリテラシー」『ことばと社会』14
増田光司（2001）「『言文対照漢訳日本文典』解題　その特徴および文法を中心として」『東京医科歯科大学教養部研究紀要』31
眞野哲夫（2002）「視覚障害者の自立支え社会へ発信する窓に——『点字毎日』80 年の歩み」『新聞経営』2002（2）
丸谷才一（1983）「言葉と文字と精神と」『日本語の世界 16　国語改革を批判する』（中央公論社）
道ひとすじ——昭和を生きた盲人たち編集委員会（1993）『道ひとすじ——昭和を生きた盲人たち——』（あずさ書房）
森田昭二（2011）「中村京太郎と点字投票運動——『点字大阪毎日』の論説と記事を通して」『Human Welfare』3（1）
文部省（1953）『明治以後におけるかなづかい問題』
文部省（1957）『現代かなづかいと正書法』
安田敏朗（1997）『帝国日本の言語編制』（世織書房）

安田敏朗（2003）『脱・「日本語」への視座　近代日本語言語史再考Ⅱ』（三元社）
矢田勉（2012）『国語文字・表記史の研究』（汲古書院）
山田尚勇（1991）「文字論の科学的検討」『学術情報センター紀要』4
山本正秀（1865）『近代文体発生の史的研究』（岩波書店）
山口芳夫（1982）『日本点字表記法概説』（ジャスト出版）
吉田裕久（1982）（1983）「尋常小学国語読本」の研究（1）（2）「愛媛大学教育学部紀要」28、29
吉原秀明（2005）「文法教育における「付帯的指導」の可能性　三土・芳賀・石川の文典に見られる教育的配慮を参考に」『奈良教育大学国文』（28）
Unger, J. Marshall（1984）"Japanese Braille." Visible Language. 18-3
Unger, J. Marshall（2004）"Ideogram Chinese Characters and the Myth of Disembodied Meaning" University of Hawai'i Press

索引

ア
『あけぼの』 50
オプタコン 164-5

カ
改定現代仮名遣い（案） 155-6, 161
「改定現代仮名遣い（案）」に対する日本点字委員会からの要望 155
かな専用文 3-6, 10, 14, 34, 74, 120, 122-6, 128, 150-1, 166-7, 170
かなづかい諸問案 153
仮名遣諮問ニ対スル答申書 88
かな の くわい 20-1, 65-6
『カナノヒカリ』 4-5
カナモジカイ 4-5, 124, 167
かなもじ論者 4, 11, 21, 65-7, 113, 116, 124
漢字依存 147
漢字イデオロギー 169
漢字対応点字 10
漢字という障害 137, 168
教科書調査委員会 153
京都府立盲学校 22
近畿盲教育研究会 24

形態素解析用辞書 Unidic 124
現代仮名遣い 7, 10-1, 14-6, 30, 32, 34-5, 39, 47-8, 59, 83, 114-5, 118-21, 123-4, 129-30, 133-5, 138-57, 159-60, 162, 167, 171
「現代かなづかい」に関する意見書 155
『言文対照 漢訳日本文典』 99-102, 109
公共サービス 10, 14, 65, 165-6, 172
公教育用文字 172
国語仮名遣改定案 153
国語施策 35, 39, 129, 133
国語調査委員会答申 153

サ
字音仮名遣ニ関スル事項 118, 153
小学校令施行規則 11, 23, 84, 86-7, 924, 94, 118
情報アクセス権 11, 137, 157
新旧仮名遣対照表 88
清国留学生 85, 93, 97-100, 110-1, 113, 122
『尋常小学読本』 7, 83-4, 87, 93-4,

索引 211

113

墨字　3-4, 6-7, 9-12, 14-7, 20, 22, 30-2, 34-5, 39-43, 48, 50-1, 61, 67, 85, 113, 115-6, 118-9, 121-2, 125, 129-30, 134, 136-9, 151-2, 154-7, 159-60, 162, 164-7, 169, 171-2

墨点字　9

全国盲唖教育大会　21

タ

単語わかちがき　5, 67, 80

筑波大附属視覚特別支援学校　40

帝国盲教育会　23

点字　3-7, 9-12, 14-5, 19-27, 30-6, 69-43, 47, 49-52, 54-6, 59-62, 65-7, 83, 85-6, 111, 113, 115-6, 118-9, 122, 125, 129-30, 136-7, 151-2, 154-6, 159-66, 171-3

『点字大阪毎日』　7, 22-3, 49-50, 59-61, 113, 115-6, 124

点字かなづかい　6-7, 10-1, 16, 23-4, 26, 30-1, 33-6, 39-40, 42, 47-8, 61, 66, 83, 85, 113, 115-6, 118-9, 121-2, 126, 129-30, 151-3, 155-6, 160, 162

点字　尋常小学国語読本　61, 115-7

電子テキスト　9, 136-7

『点字毎日』　49-50, 55, 62

東京盲唖学校　11, 19-20, 40, 65-7, 154

東京盲学校　11, 24, 40

ナ

日本語教育　4-6, 66-7, 83, 85-6, 93-4, 98-100, 111, 114, 118, 122, 125, 150, 156, 169, 172

日本語教授　97

日本語点字　3-7, 10-5, 17, 20-3, 30, 34-6, 39-40, 48-50, 61-2, 85, 93, 113, 115-6, 118-22, 124, 126, 128-9, 151, 154, 157, 159, 162-7, 169, 171-2

日本点字委員会　12, 14, 22, 30, 152, 155-6, 160, 171

日本点字研究会　22, 30

日本盲人図書館　26

ハ

『はなしことば　の　きそく』　7, 65, 67-8, 74, 79-80, 113, 115-9, 122

文節わかちがき　5, 10, 14, 122, 151, 171

棒引きかなづかい　21, 23, 31, 35, 39, 42, 49, 80, 84-6, 92, 94-5, 99, 109, 113-6, 118, 121-2, 124-6, 129, 153-4, 160

マ

未来へ点字をつなげる宣言　172-3

明治33年式棒引きかなづかい　11, 23, 35, 40, 49, 68, 80, 83-7, 93-5, 110-1, 113, 116, 118, 122, 125-6, 128-9, 153-4

盲学校教科書編纂委員会　23

盲学校教科用図書調査委員会　23

文字情報へのアクセス権　136-7

文字文化　34

文字マイノリティ　167

ヤ

ユニバーサルデザイン　11, 137, 157

ラ

歴史的かなづかい　6, 16-7, 20-3, 31, 34-5, 42-4, 46, 50-1, 57, 59-61, 65, 69-70, 80, 83, 85-6, 88-95, 97, 99, 101, 103-6, 109-11, 113-8, 122, 125-9, 138-41, 143, 145, 147-8, 154-5, 170

点字　尋常小学読本　61, 115-7

［著者紹介］

なかの・まき（中野真樹）
1980年うまれ。
国学院大学大学院文学研究科博士課程修了。
博士（文学）。
国学院大学特別研究員。

日本語点字のかなづかいの歴史的研究
日本語文とは漢字かなまじり文のことなのか

発行日	初版第1刷　2015年1月31日
著　者	なかの・まき（中野真樹）　2015©Maki NAKANO
発行所	株式会社 三元社
	〒107-0052　東京都港区赤坂2-10-16　赤坂スクエアビル
	電話／03-5549-1885　FAX／03-5549-1886
印刷＋製本	モリモト印刷 株式会社

Printed in Japan
ISBN978-4-88303-372-0
http://www.sangensha.co.jp

ことばと共生
桂木隆夫編著　言語権、民主主義、多文化、言語政策などさまざまな観点から多言語社会への展望を論じていく。　　　　　　　　　　2500円

[新装版]ことばの政治社会学
ましこ・ひでのり　コトバの政治・権力・差別性を暴き出し、「透明で平等な媒体」をめざす実践的理論的運動を提起する。　　　　　　2600円

ことばへの権利　言語権とはなにか
言語権研究会編　マイノリティ言語の地位は？　消えてゆくのは「自然」なのか？　新しい権利への視点を提起する。　　　　　　　　　2200円

[新装版]植民地のなかの「国語学」　時枝誠記と京城帝国大学をめぐって
安田敏朗　植民地朝鮮、そこで「国」の名を冠した学問体系に絡め取られていった一国語学者の時代像を描く。　　　　　　　　　　　2500円

占領下日本の表記改革　忘れられたローマ字による教育実験
J・マーシャル・アンガー著　奥村睦世訳　当時のローマ字教育実験の実態に迫り、「押しつけられた表記改革」という神話を検証する。　2500円

大学入試の「国語」　あの問題は何だったのか
鈴木義里　私たちの「読み」は、「国語」の試験によって形作られたのではないか？　試験問題から日本語を考える。　　　　　　　　　2300円

「多言語社会」という幻想　近代日本言語史再考Ⅳ
安田敏朗　突然湧いてきたかの様な「多言語社会」言説の問題を析出し、多言語性認識の新たな方向を提起する。　　　　　　　　　　2400円

多言語社会日本　その現状と課題
多言語化現象研究会編　「多言語化」をキーワードに、日本語・国語教育、母語教育、言語福祉、言語差別などをわかりやすく解説する。　2500円

[新装版]「正しさ」への問い　批判的社会言語学の試み
野呂香代子＋山下仁編著　「正しい」日本語・敬語・ことばづかい、といった、その「正しさ」のからくりに迫る試み。　　　　　　　　2800円

脱「日本語」への視座　近代日本言語史再考Ⅱ
安田敏朗　「国語」「日本語」の呪縛から逃れ、相互承認にもとづく社会的アイデンティティの構築に向けて。　　　　　　　　　　　2800円

統合原理としての国語　近代日本言語史再考Ⅲ
安田敏朗　繰り返される「日本語」へのポピュリズム的言説。その前提を明示し、「学」「研究者」のありようを問う。　　　　　　　　2700円

西尾実の生涯と学問
安良岡康作　学問的業績を余す所なく紹介し、その時代と様々な人々との関係など、詳細に描き出した労作。　　　　　　　　　　　12500円

表示価格は本体価格です。